新版
逆説のニヒリズム

渋谷治美

花伝社

目　次

第二部　宗教とは何か

第三部　芸術と人間

まえがき（一九九四年筆）

マルクスが『共産党宣言』の冒頭に「ヨーロッパに幽霊がでる――共産主義という幽霊が」と記したのは、いまから約150年前のことであった（1848）。しかしその頃からもうひとつの幽霊が世界に徘徊《はいかい》しはじめていた。それがニヒリズムである。共産主義という「幽霊」のほうは、マルクスの期待に反して急速に姿を消しつつある（一時的な現象なのかもしれないが）。これに比してもう一方のニヒリズムという幽霊は、いまや二十一世紀を直前にしてますますわたしたちの眼前に迫っている。それならばいっそのこと、この幽霊を捕獲し食べてしまったらどうだろうか。人間はこれを消化したあとにどのような姿に変身するであろうか。それが楽しみでこの本を書いた。

人生には悩みが多い。ともすれば生きることそのものに懐疑を抱くこともある。それに対して、世には多くの柔らかな慰めの言葉、あるいは様々な決然とした鼓舞激励の言葉が用意されている。――それらに接してなお釈然としないもの、腑に落ちないものを感じる人々に、この本を贈りたい。

ここで、私が本書に託したかった狙いをあらかじめ提示しておきたい。それは次の四点である。なによりも第一に、ニヒリズムを肯定すること。いっさいの留保なしにニヒリズムを真理として認めること、いい換えれば、人間観の根底にニヒリズムを据えること。第二に、自然科学からの知見を、人間をめぐる思索に積極的に繋《つな》げること。これほどまでに展開してきている自然科学の成果を拒否して、あるいは無視したまま「人間とは何か」を論じることはもはや許されないであろう。第三に、人間の自由と束縛(不幸)との内的な連関を明らかにすること。これは具体的には、自己実現と疎外、精神性と動物性、ピュシス(自然)とノモス(社会規範)、等のあいだの葛藤・弁証法として論じられる。これと密接に連関して第四に、宗教と無神論とを同じ土俵のうえに乗せて論じること。——これらの狙いがどれほど成果をえているかは、本書を通して読者に判断していただくほかはない。私としてはこの本においてその端緒がつかめていさえすれば満足である。

次に本書の書名について、少し触れておきたい。『逆説のニヒリズム』とは、逆説というものが含みもっているニヒリズム、という意味ではなく、逆に、私が考えるニヒリズムが逆説の性格を含んでいる、という意味である。つまり、「逆説的なニヒリズム」と読んでくだされば正解である。——では、どういう点で逆説を含んでいるのか。この点についても本論から感知していただきたい(とりわけ第一部VIIDおよび第三部)。

ところでトマス・マンは小説『魔の山』のなかで、歴史の進歩を信奉する人道主義者のセテムブリーニをして、〈逆説〉について次のように語らせている。「逆説は静寂主義の毒の花、あるいは頽廃した精神の鬼火とも、放縦《ほうしょう》の最大なるものともいえます」(高橋義孝訳、新潮文庫、上 p. 380)。いいえて妙、まことにその通りである。他方、ルソーは「わたしは偏見にとらわれた人間であるよりは、逆説を好む人間でありたい」という(『エミール』今野一雄訳、岩波文庫、上 p.132)。この言葉自体が逆説の味を含んでいるように思われるが、私としてはルソーの方に軍配を挙げて、セテムブリーニがいうところの「毒の花」「鬼火」「最大の放縦」をも、敢えて愛《め》でてみたい。

本書は目次からおわかりのように、どこから読んでいただいても構わない構成になっている。ただし第一部については老婆心ながら、あらかじめちょっとした注意を述べておきたい。C.P.スノーの指摘をまつまでもなく、世のなかには文科系の人間と理科系の人間がいて、それぞれ相手の領域が苦手であるのが大概である（『二つの文化と科学革命』松井巻之助訳、みすず書房、参照）。そこで第一部を読むにあたって自然科学がうんざりな方には、Ⅳから読むことをお薦めしたい。あるいはいきなりⅦから読んでいただくのがいいかもしれない。反対に、哲学的な議論が苦手な方には、とりあえずⅥとⅦDに注目していただきたい。もちろん私としては、いずれの読者にも最終的には（第一部に限らず）全体を読み通していただきたいのであるが。

きたる二十一世紀に、ニヒリズムという「幽霊」が人類に相互理解と平和と幸福をもたらしてくれることを願いつつ。

1994年10月

渋谷　治美

(2006年8月補筆)

第一部

〈宇宙論的ニヒリズム〉と人生の諸類型

アンドロメダ銀河

はじめに

人間にとって最大の謎、解くのがもっとも困難な問題とは何であろうか。おそらくそれは人間自身であろう。すなわち、「人間とは何か？」という問いである。

この問いがずっと難問でありつづけてきた証しとして、古代ギリシアの〈スフィンクスの謎〉の伝説を挙げることができる。怪物スフィンクスが道ゆく旅人に発した謎とは、「はじめ四本足、ついで二本足、最後は三本足で歩くものは何か」というものであった。「人間」というのがその答であるにもかかわらず、英雄オイディプスが即座に解いてこの怪物を退治するまでは誰一人としてこの問いを解くことができなかったという*。この伝説は、人間にとって人間自身が最大の謎であることを象徴的に物語っている、といえよう。

＊　一例として、アポロドーロス『ギリシア神話』高津春繁訳、岩波文庫、p.131、参照。

ところが（だからこそ、といってもいいのだが）、哲学の第一の使命は、たといその結果が当のオイディプス王自身の場合のように不幸と絶望への転落であろうとも*、この謎に挑戦することである。「人間とは何か」――これがわれわれの究極の課題である。

＊　彼はスフィンクス退治の前後に、それと知らずに父を殺し、それと

知らずに母を妻とする。その後それが因《もと》となって次々と不幸が彼を襲う。ソフォクレス『オイディプス王』藤沢令夫訳、岩波文庫、参照。

究極の課題とは、さまざまな段階を経たあとで最後に解決が可能となる課題、という意味である。とすれば、その前に検討しておくべき多くの課題があるはずだ。では、そのうちで最も根本的な（基本的な）問題は何であろうか。

人間をめぐる根本的な問題といえば、通常はどのような問いを思い浮べるだろうか。例えば人生について思い悩んだとき、「人はどのように生きるべきか」「真の人生とはどのようなものか」と自問しないであろうか。二つの問いは、結局は「正しい生き方」を希求する点で一致する。実際これらの問いをめぐって多くの先人が思索をめぐらし、われわれを導いてくれている（孔子、釈迦、ソクラテス、イエス、カント、など）。

しかし、そもそも人生が生きるに値しないとしたらどうであろうか。人は生きなければならないものなのだろうか。もし、人間が地球上に存在し生きているということに何の意味もないとしたらどうであろうか。仮にそうであれば、そもそも「正しい生き方」と「正しくない生き方」との区別など問題とならず、先に示した「正しい人生」をめぐる二つの問いも雲散霧消してしまうのではないか。ということは、これらの問いは（一見するとそのように見えるように）人生に関する最も根本的な問いではないのである。

すると「人生は生きるに値するかどうか」という問いこそが、真っ先に論じられるべき根本問題となるであろう。そこで私は本書第一部において、まずこの問題を徹底的に検討したいと思う（I～VI）。

そのさいいっさいの予断を抱かない、ということが肝要である。

いい換えると、それにしてもこの根本問題への解答は yes であるに違いない、no であるはずはない（つまり、人生は結局は生きるに値するはずだ）、という暗黙の期待ないし原信憑《げんしんぴょう》をわれわれは捨てて掛からなければならない。

第二に、この根本問題を探求するにあたっての方法が重要となる。このあとの考察では、次のような方法を取ることにしたい。(1) 今日の時点で自然科学上の定説（ないし定説に近い最有力な仮説）として認められている知見に依拠して、人間存在を反省する（Ⅰ～Ⅲ）。(2) それに哲学的な反省を加えて、根本問題への解答を導く（Ⅳ～Ⅵ）。

このうち (1) の道は、この種の問題への通常の接近のし方とは大きく異なっている。だが、今日これだけ発展した自然科学をまったく無視しては、「人間とは何か」という問いが解明されるはずがない、ということは自明であろう。とすればもう一歩踏み込んで、一度徹底的に自然科学の知見から出発して「人生は生きるに値するか」という問題を検討してみたらどうなるであろうか。それを私は、この第一部の前半で試みてみたい。

このような方法を通して根本問題に対する解答を得たのちに、次のような展望が開かれるであろう。すなわち、その解答が yes であれ no であれ、まず、(3) その帰結を基準として既存のさまざまな人生観、人生態度を吟味・検討する。さらに、(4) 新しい人生態度の可能性を探る（以上Ⅶ）。この (3) (4) 二つの課題を果たすさいには、先ほどまでの自然科学への依拠から一転して、過去の人類の様々な精神文化（哲学思想、文学その他の芸術作品、宗教思想など）と若干の実人生を素材としつつ議論を展開していくこととなろう。

本書第一部の任務はここまでである。以上の作業を通して、「人間とは何か」という究極問題にいつの日にかわれわれが接近するための橋《きょう》頭《とう》堡《ほ》が築かれてくれるであろうか。

I　宇宙における人間の位置

現代の自然科学の発展はすさまじい。とりわけ宇宙に関する探究は、アインシュタインの二つ相対性理論（特殊相対性理論と一般相対性理論）の発表（1907–15）以来、観測の進歩と理論の深化が噛みあって十年単位で飛躍しつづけている。そしてそれらの知見に関する多くの優れた解説書、啓蒙書のおかげでひろく一般に、宇宙の生成と構造、宇宙における人間の位置の概要を知ることができるようになった。そこでしばらくこれについてまとめてみよう。

われわれ人類が現に生存しているこの宇宙は、いまから約137億年前に微小なひも状の巨大なエネルギーの塊から大爆発（ビッグ・バン）して以来基本的にはずっと光速度で膨張しつづけていること、この宇宙以外にも無数の宇宙が存在するであろうこと、この宇宙は今後もずっと（永遠に？）膨張しつづけるであろうこと、最先端の天文学者や物理学者は現時点でこのように考えている。現在彼らはアインシュタインの理論の限界（後述）を突破するために努力を続けているが、われわれが留意すべき点は、彼らはそのさいにこの宇宙の範囲内だけでなく、それを越えていわば超宇宙的に妥当する一つの普遍的な法則が貫いていることを確信しながら研究を進めている、ということである。これを「超弦理論」という（少し詳しくは後述）。

話をこの宇宙に限定するとして、この宇宙のなかで物質はどのように分布し、どのような形態で存在し、どのように運動しているのであろうか。

まず現在のこの宇宙の規模・大きさを確認してみよう。単位として光年を採用する。光の速さはよく知られているように、秒速約30万㎞である。すると光が一年間に直進する距離は約10^{13}㎞（＝10兆㎞）となる。この距離を1光年という。さて、太陽系がそのなかに含まれているわれわれの銀河の大きさは、直径約10万光年という（光の速さで端から端まで直進して10万年かかる距離）。そのなかに常時約二千億個の恒星が煌《きら》めいているが、太陽もその一つである。ところで、われわれの銀河の隣にわれわれの銀河と同規模の大きさでただよっている（近づいている）銀河が有名なアンドロメダ大星雲であるが（扉写真参照）、そこまでの距離はいまのところ2×10^6光年（＝200万光年）である（われわれの銀河の直径の約20倍の彼方）。次に銀河の一つ上の階層は銀河集団といわれるが、わが銀河やアンドロメダ大星雲を含む乙女座銀河集団は直径約10^7～10^8光年（＝1千万～1億光年）の領域を占めるという。その先のこの宇宙の「果て」（宇宙の地平線）までは1.37×10^{10}光年（＝137億光年）の距離が横たわっている*。この数字は先に確認したビッグ・バンからの宇宙の年齢とちょうど一致する。ビッグ・バン以来宇宙は（最初期の一瞬を除いて**）光の速さで137億年膨張しつづけていることからすれば、この一致は納得できる。

＊　最近続々と、この宇宙の果て近くまで観測の目が伸びている。例えばハワイ島山頂に建設された日本の〈すばる望遠鏡〉が128億光年先

のガンマ線爆発を観測したと報道された（「朝日新聞」2005.9.13 朝刊）。これは、この宇宙の誕生からわずか 9 億年後に起きた現象を捉えたことを意味する。

＊＊　宇宙生成の最初期（爆発後 10^{-35} 秒〔1 兆×1 兆×1000 億分の 1 秒〕前後の短時間の間）、宇宙は光速を越えた速さで膨張したはずだという有力な理論仮説がある。〈インフレィション宇宙モデル〉という。例えば、池内了『宇宙進化の構図』大月書店、p.150、p.179、参照（数値は別の資料により訂正した）。

そこで今度は、時間軸に沿って宇宙のこれまでの生涯をごく簡単に辿ってみよう。実は、宇宙が爆発して膨張しはじめた瞬間から 10^{-44} 秒後（1 兆×1 兆×1 兆×1 億分の 1 秒後）までのことはよく解っていない＊。ここに「超弦理論」の完成が待たれる理由がある＊＊。ともあれその時点での宇宙の温度が 10^{32}K（絶対温度で 1 兆×1 兆×1 億 K）、このとき以来〈重力〉は他の物理的な作用と無関係に働くようになった（宇宙の第一の化石＝重力輻射ないし重力子、未発見）。次に 10^{-35} 秒後（1 兆×1 兆×1000 億分の 1 秒後）に〈強い力〉が分化。このころ前述した宇宙空間のインフレィションがあったと考えられている。次いで、10^{-11} 秒後（1000 億分の 1 秒後）に〈弱い力〉と〈電磁力〉とが分化した（これでこの宇宙に現存する四つの力が全員出そろった）。

＊　これがアインシュタインの一般相対性理論の持つ限界である。この時間をプランク時間という。これに対応して、このときの宇宙の大きさをプランク・スケールというが、それは 10^{-26}nm（1 兆×1 兆×100 分の 1 ナノ・メートル＝10^{-35} m＝1 兆×1 兆×1000 億分の 1 メートル）であった。

＊＊　ここで超弦理論（super-string-theory,〈超ひも理論〉とも訳される）の役割について簡単に確認しておこう。この宇宙には現時点において、四つの物理的な力が存在する。すなわち、素粒子（クォーク）を結

びつけて陽子、中性子をつくりだし、また陽子と中性子を結びつけている〈強い力〉(〈核力〉ともいう)、主にニュートリノなどのレベルに関係する〈弱い力〉、われわれの身の回りにありふれている〈電磁力〉、天体に関係する〈重力〉である。現在〈電磁力〉と〈弱い力〉とを統一的に論じることのできる電弱統一理論(ゲージ理論)が完成されつつある(ワインバークとサラムの二人が提唱〔1967〕)。これにさらに〈強い力〉を加えた大統一理論も有望である。最後にこれに〈重力〉を加えて、すべての物理的な力を一つの理論で把握しようというのが超統一理論であるが、超弦理論はそのうちの一つの有力なモデルである。

ところでアインシュタインの一般相対性理論は主に重力(と空間)に関する理論であった。つまり、超弦理論は、大統一理論(量子力学)とアインシュタインの理論(天体論)とを統一したものを意味する。それは十一次元の世界を扱う理論であり、この宇宙を越えた超宇宙を論じる理論でもある。これによれば、個々の宇宙の卵である一つ一つの「ひも」の長さは前述のプランク・スケール程度であろうと推測されている。われわれの宇宙もその状態から或る条件が整って急速に膨張しはじめた(ビッグ・バン)のであろう。これについては例えば、B. グリーン『エレガントな宇宙』林一・林大訳、草思社、参照。

次に、10^{-5}〜10^{-4}秒後(10万分の1〜1万分の1秒後)にクォークが閉じこめられて陽子・中性子・中間子が形成された。これがのちに多様な元素の形成へとつながる。爆発から1秒後、ニュートリノが自由化して他の物質形態とほとんど無関係となる(第二の化石)。3分後には温度は1千万度にまで冷えてきたが、このころ重水素核が形成されはじめ、他の中性子の大部分はヘリウム核を形成したという。その後しばらく宇宙はプラズマ状態(原子核と電子が未結集の状態)だったが、ようやく38万年後になって宇宙が約3千度以下にまで冷却し、そのため電子が原子核につかまって安定した原子を作るようになる。これによってそれまで宇宙に充満していた電子の大部分が原子を回る軌道に閉じこめられたので、それ以来、光は浮遊する電子に妨げられることなく宇宙をまっすぐに飛ぶことができるようになった（光の自由化＝第三の化石)。これを天文学者たちは宇宙の「晴れ上がり（クリアー・アップ)」という。これ以降がわれわれに馴染みのある（狭義の）物質の世界となる。

時はずっと下って、ビッグ・バンから２億年たったころ、宇宙のいたるところに銀河が形成されはじめた。さらに下って、約90億年たったころ、一つの平均的な銀河のど田舎に位置する或る狭い領域に、太陽系が形成されはじめた。すなわち、太陽系が誕生したのは今から逆算して46億年前のことであったと計算されている（したがって地球も同時にできた)。そして現在、宇宙空間の平均温度は2.73K（絶対温度で約３度、摂氏でいうとマイナス約270度）にまで冷えているという。だがこの宇宙背景放射温度の発見（1965）こそが、宇宙がかつてビッグ・バンによる火の玉宇宙であったことの確実な証拠となったのである*。

＊　海部宣男『銀河から宇宙へ』新日本出版社、p.175以下、参照。

では宇宙はこのあとどうなるであろうか。永遠に膨張しつづけるであろうか。それともいずれ膨張が止んで収縮過程に移るのであろうか。それは、この宇宙全体の総質量にかかっているといわれた。単純にいえば、軽ければ膨張しつづけ（「開いている」)、重ければいずれ収縮する（「閉じる」)、と。この三十年間の様々な理論と観測の進歩によって、しばらく前までは収縮説の方が有力になりつつあった*。仮にこちらが正しいとすれば、数百億年から長くて千億年後には、現在見られるような物質の存在形態はすべて崩壊して、もとのプラズマ状態、さらにそれ以前の火の玉宇宙（宇宙の卵としての「ひも」）に逆戻りするであろう（ビッグ・

クラッシュ）。

＊　まず、それまで質量ゼロと考えられていたニュートリノにも質量がある、と改められた。その後、大きな質量を有する褐色矮星や暗黒星雲の存在が相次いで発見されている（ダークマター〔暗黒物質〕）。これらによって宇宙の「重さ」はそれまでより一挙に高く見積もられるようになったからである。

だが最近のいっそう飛躍的な観測の進歩により、宇宙は収縮に向かうどころか徐々に光速以上の速さで加速膨張しはじめているらしいことが明かになった*。この観測と一体となった理論的推定によれば、宇宙の総エネルギーの73％はダークエネルギー（いまのところ観測されていないエネルギー）で、23％が前述のダークマター（暗黒物質）のエネルギー、残る４％だけがわれわれの知っている通常の物質のエネルギーである。総エネルギーの七割以上を占めるダークエネルギーのしわざによって、この宇宙はこのままずっと加速膨張していくだろうと推測される（二回目のインフレィション宇宙）**。

＊　「朝日新聞」2003.2.12 夕刊、ほか。

＊＊　仮に宇宙が「開いている」とすれば今後どのような経緯が考えられるかは、すでにJ.N. イスラムが1983年に論じている（『宇宙の未来はどうなるか』林一訳、岩波書店）。彼の計算によれば、すべての物質は量子的トンネル効果によりいったん鉄となり、さらに白色矮星、中性子星を経て $10^{10^{76}}$（10の〔10の76乗〕乗）年後にはブラックホールとなって蒸発してしまう。となれば（それよりずっと手前で）人間の身体などの物質形態が存在不能となるのは自明である。

最後に、では現在のような宇宙の状態において、人類のような、原子力（すなわち前述の〈強い力〉）を発見・利用し、宇宙の様子を科学的に認識し、宇宙空間へと旅立つことができる程度の高等知性を有する生命体が生まれることは奇跡的なことなのか、それとも大いにありうることなのか、について触れてみよう。今のところ、この宇宙に生命体が誕生するとすればそれは炭素を中心とした有機化合物から形成されるはずである、と考えられている。有機物は宇宙でそれほどめずらしいものではなく、アミノ酸すら宇宙空間に浮遊していることが観測されている。それが直接地球の生命の素材となったのではないかという仮説も有力だが、そうでないとしても地球上にアミノ酸をもととした生命が誕生するのもそれほど困難ではなかったであろう。

さて、宇宙には生命がどのくらい存在しているのであろうか(はたして宇宙人はいるか)。それを検討する手がかりとして、話をこの銀河系に限ったうえで、現在この銀河系に生存している(高等技術文明を持った)高等知性体の数を推定する〈ドレイクの評価式〉というものを参照してみよう。三十数年前、カール・セイガンを議長としてアメリカ、(当時の)ソ連をはじめ世界各地から集まった自然科学者がこの評価式に基づいて算定したところ、次のような暫定的な数値を得たという*。まず、この銀河系では毎年平均して10個の恒星が誕生していると推定される(ということは、同じく毎年平均10個の恒星が死滅しているはず)。次に、様々な要因を計算して合算すると、或る恒星に(多くはそれの惑星の上で)生命が誕生してそれが高等知性体にまで進化する確率は百分の一であるという。するとここまでの議論から、この銀河において十年に一つの割合で人間程度の高等知性体が誕生することになる。最後に、このような高等知性体の平均寿命は一千万年の桁であろうという**。これらを掛け合わせると、なんとこの銀河系だけでも人間程度の生物が常時百万生存しているというのだ***。とするとこの宇宙全体ではどれくらいになるのであろうか!? また、「下等」生命の数はいったいどれくらいになるのであろうか!? 例えば身近なところでは、火星にもかつて下等生命が存在した確率が高い、と考えられている。——われわれはここに紹介した数値を厳密に信じる必要はないが、少なくとも人間のような生命体はこの宇宙ではそれほどめずらしい存在でもなさそうだ、ということは確認できるだろう。

* カール・セイガン編『異星人との知的交信』金子務・佐竹誠也訳、河出書房新社、p.30、p.206、参照。この会議をビュラカン会議という。なお、〈ドレイクの評価式〉そのものは次の通りである。

$$N = R_{*} \cdot f_{p} \cdot n_{e} \cdot f_{l} \cdot f_{i} \cdot f_{c} \cdot L$$

Nはこの銀河系にいま現在存在する高等技術文明の数、R_{*}はこの銀河系に一年あたりに誕生する恒星の平均数、f_pは或る恒星が惑星系である確率(最近ではこの値は10分の1とされる)、n_eはそうした惑星系の恒星が持つ地球に似た惑星の平均数、f_lはその惑星上で生命が生まれる確率、f_iはその生命が高等知性体にまで進化する確率、f_cはその高等知性体が高等技術文明を築いて、他の天体の高等知性体との情報交換を試みる(人類は既にこの段階)までに至る確率、Lはそのような高等技術文明の平均寿命。答えを先にいえば、セイガンらはNの値は百万程度になるという。

** すると人類もあと一千万年程度は存続が期待できるのかというと、全然そうではない。物理学者や天文学者は次のように考える。すなわち、高等知性体の百のうち九十九は高等技術文明を築きはじめてから(人類の場合はそれはまだ六十年前のことだ)数百年から一万年以内に滅びる(大半は核エネルギーの管理の失敗によって)が、百に一つの高等技術文明だけが生き延びて十億年単位の長寿を全うするであろう、と。これらを合算して割り算した結果が、平均寿命一千万年という数字なのである。だから物理学者を信じるかぎり、むしろ人類は99%の確率でもうすぐ滅びると覚悟せねばならない(たとい核戦争を回避しつづけたとしても、原子力発電所の事故などが発端となって——チェルノブイリの事故が好例)。

*** それでも、この銀河系を平面として考えると、平均して半径

50光年の範囲（光速で50年！）に一つの割合で高等知性体が散らばっている計算になる。これでは遠すぎるうえに、大半はあっという間に滅びる（前注）だろうから、友好的にであれ敵対的にであれ人類が他の宇宙人と遭遇することはきわめて困難であろう。

以上様々な角度からこの宇宙について検討してきた。われわれはこのような宇宙のなかに誕生し生存しているのである。

宇宙のことを反省するときに、いつでも抱く素朴な感慨がある。それは、宇宙の雄大さ（空間）と悠久さ（時間）に比べて何と人間存在は（空間的に）矮小《わいしょう》であり、（時間的に）儚《はかな》いか、ということである。これはこれで人間の日頃の濁った心を浄《きよ》めるによい機会となるが、しかし、「人生は生きるに値するか」というわれわれの根本問題を考えるうえでは、直接のきっかけを与えてはくれるわけではない。いい換えると、この種の感慨からだけでは、どちらともいえないし、どちらともいえるのである。根本問題への手がかりを宇宙論から導きだすのは、いましばらく待つことにしよう（IV以下）。

次に章を改めて、最新の生物学や人類学の知見を借りて、人類が地球上の生物の進化の歴史のなかでどのように位置づけられるかを検討しよう。

II　地球の生物進化史と人類

非生物と対比するとき、生物の特徴はどこにあるだろうか。生物学者の見解をまとめてみると、おおむね次の三点になる*。①物質代謝（新陳代謝）によって個体の諸機能を維持する（狭義の生命活動）。②不変的な自己複製を行なう（生殖）。③これら二つの働きが自律的・合目的的に行なわれる。つまり、生物とは自己維持と自己複製の二つの機能を合目的的に営む自律的な物質機構である、といえよう。どんな簡単な生物でもこれらの特徴をもっている。反対に非生物にはこれらの特徴は見られない。このような複雑な働きを持つ機構が無機的で単純な物質世界からどうやって形成されてきたのかは、いまだに大きな謎に包まれている。とりわけ③の合目的性、つまり、あたかもあらかじめ目的があって、それを目指して（目的に合わせて）生命活動を営んでいるかのように見える、という特徴は、生物学者のみならず哲学者・宗教者にとっても大きな論争点となっている。

＊　例えば、J. モノー『偶然と必然』渡辺格・村上光彦訳、みすず書房、p.13、J. メイナード＝スミス『生物学のすすめ』木村武二訳、紀伊国屋書店、p.13–14、参照。

とはいえ、この200年の（物理学・天文学に優るとも劣らない）生物学のめざましい発展によって、これらの謎も大枠において解明されつつある。とくにダーウィンによって提唱された自然淘汰による生物の進化説、ＤＮＡの発見に代表される遺伝の物理化学的仕組みの解明、の二つが大きな役割を果たした。現在ではこの二つが相互に補完しあいながら生命の秘密をさらに解明しつつある。とくに注目すべきは、ダーウィンの進化論にしても遺伝の仕組みの解明にしても、人類とて例外ではなく動物の一つの種にすぎない、と明白に主張していることである。このことは生物学上の意義以上に(とくにヨーロッパのキリスト教社会において)人々の人間観、世界観に大きな衝撃を与えた。

進化の機構を簡単にいえば、次のようにまとめることができるだろう。(1) 前述したように元来、遺伝の仕組みは不変的であるが、これが厳密に不変のままだと、生物世界には進化はいっさい起こりえない。ところが実際には、(基本的には不変的でありつつ)ときおり遺伝情報に乱れが生じる。すなわち各種の突然変異である。(2) この突然変異で形質と機能が変化した世代の個体のうち、同種の他の個体との関係（主につがい関係)、他の種の生物との関係（食物連鎖、等)、無機的な世界環境との関係（例えば寒さに耐えられるか、とか）の三点で親世代より少しでも有利となったごく少数のものが、その後旧い型よりもたくさんの子孫を残していく*。これが自然淘汰である。その結果もともとの種から亜種へ、亜種から新種へと進化していくのである。結局、遺伝の仕組みを基底として突然変異と自然淘汰との組合せによって進化が可能となる、といえよう。

＊　1.01 を 100 乗すると、答えは約 2.70 である（$(1.01)^{100} \fallingdotseq 2.70$)。このことから次のようにいえる。或る種の動物（これを旧い型とする）から、突然変異により新しい亜種が生まれたとする（新しい型)。新しい

型の方が旧い型よりほんの少しだけ屈強であったり、嗅覚が鋭かったり、寒さに強かったり、理由は何であれ、結果として旧い型より１％だけ（例えば）縄張りを大きく占めることができるとする。これは単純にいって、子孫を残す能力も新しい型の方が１％だけ優れているといい換えてもよい。さてこの優劣差のまま百世代が経過したとしよう。すると新旧の型の能力差は依然として１％のままで、その間の個体数の増加〔率〕は約三倍の開きとなっているのである。これではたとい最初は旧い型の方が数の上で圧倒的であったとしても、いずれは旧い型が淘汰されて新しい型の支配が帰結するのは自明のことと思われる。なお、或る生物の百世代に要する時間は、長い進化史からすればほんの一瞬のことである（長寿を誇る人類でいってもたったの二千〜三千年）。

さて、地球上の実際の生物進化はどのような経緯で展開したであろうか。その流れを一瞥《いちべつ》してみよう。先述のように、地球は太陽と同じく約46億年前に形成された。当初地球はマグマの海に覆われていたが、約38億年前に地表が海と陸とに分かれた。大気は大量の炭酸ガスと水蒸気から成っていた。数億年から10億年経て、今から40〜35億年前、地球の海中に生命が誕生した。それは原核性単細胞生物だったといわれている。またこのころは地球の大気は還元大気であって酸素はなかったのだが、原始生命の主役だった藍藻《らんそう》類が海底で30億年変わらずに繁茂しているあいだ、彼らの光合成の働きによって次第に酸素が増加し、今から約20億年前には酸素に富んだ安定した大気が形成された。とはいえはじめ酸素のない環境から出発した原始生命にとって、この大量の酸素は猛毒を意味した（触れるとたちまち酸化してしまう！）。この全滅の危機を原始生命が実際どのように突破したかが注目されるが、結果として現在見られる生物の大半がそれである真核性の生物が誕生した（はじめは単細胞）。約18億年前のことといわれる*。

＊　最近では、まず原核性細胞の古細菌に好気性の（つまり酸素に強い）バクテリアが入りこんでミトコンドリア（酸素を媒体とするいわば細胞内の発電所）の祖先となり、ついで他の細菌がこれと共生して真核性細胞の基本形ができ、さらに別のバクテリアがこれと共生して葉緑体の基となることによって緑色植物の細胞が発生した、とする「共生説」が定説化しつつある。ちなみにこの説を体系化した（1970）アメリカの女流生物学者リン・マーグリスの最初の夫が（前出の）カール・セイガンである。リン・マーグリス『細胞の共生進化』上下、永井進監訳、学会出版センター、参照。

古生代に入ってカンブリア紀の初期、今から約5億数千万年前に生物は海中で多細胞化して爆発的な多様化が生じ、それらが世界中のあちこちの海に適応放散したという。三葉虫の時代である。オルドヴィス紀に入って脊椎動物の祖先（魚の一種）が進化し、また昆虫類もこのころ（海中で）発生した。ただし当時は甲冑《かっちゅう》魚類と節足動物のウミサソリ（アノマリカリス）との対決が主流だったという。後者は最大のもので2.5メートルもあった。他方このころ地球の上空には安定したオゾン層が形成され、それによって紫外線が以前ほど地表に降りそそがなくなった。その結果約4億年前のシルル紀の末期に、植物が陸に進出することができたが、これは地球の生物進化史上画期的な出来事であった。というのは、次のデボン紀のはじめに、この植物を追って動物が陸に進出したからだ（当初は浅い沼地、等）。とはいえこのころはまだ魚類の時代である。デボン紀の末、今から3億7千万年前ごろに、大規模な生物の絶滅が起こった証拠がある。この原因については後述する。次の石炭紀に入って、この名のとおり、のちに石炭となってくれるシダ植物や松柏類の裸子植物が大森林となって地表を覆ったという。他方動物でいうと、このころは両生類の全盛期であった。古生代の末期、二畳紀にパンゲア大陸が幾つかのプレートに乗って分裂・移動しはじめ、現在の諸大陸になった。

中生代に入って今から2億4千万年前、三畳紀の初期に、海中の生物の半数以上の科が、種でいうと96%の生物が絶滅した。その後、哺乳類が登場するが、はじめは夜行性の小型のものだった。このころ海ではアンモナイト、陸ではあいかわらずシダ、イチョウ、ソテツなどの裸子植物が栄えていた。ジュラ紀に入って動物界は爬虫《はちゅう》類の時代となり、とりわけ恐竜がこのころの地球の生物のチャンピオンであったことは誰もが知っている。その爬虫類から鳥類が分岐した。他方、顕花植物の発達が昆虫の目覚ましい進化を促し、両者とも栄えた。ところが中生代の末期の白亜紀後期にまたしてもカタストロフ（大絶滅）が生物界を襲い、25%の科が死滅したという。今から6500万年前のことである。恐竜もこのときに滅びた。原因としては、地球に直径10㎞ほどの小惑星が衝突したからだ、というのが最近では有力な仮説である*。これまでにたびたびあった生物の大絶滅も同じ原因によると考えられる。

＊　衝突場所はメキシコ・ユカタン半島で、その威力は一メガトン級の原爆の二億個分だったはずという（広島型の百億個分。ただし放射能汚染の心配はない）。これによって大量の土埃ないし水蒸気が上空を覆い、長年にわたって太陽エネルギーの照射が数パーセント遮断されてしまう。物理学者が警告している「核の冬」（核戦争の結果、地球全体が陥る極寒状態）のモデルがこれである（しかも「核の冬」の場合、これに放射能汚染が加わる）。

別の推測によれば、地球の誕生から数億年内に原始生命が数回誕生したのだが、そのつど小惑星の衝突によってこの初期生命は絶滅したはずだという。そのころ衝突した小天体は、直径が250～800㎞もあったと推測されている。

恐竜の絶滅が霊長類にとっては幸いして、次の新生代初期、第三紀のはじめに最初の類人猿が登場する。このころ鳥類と顕花植物が著しく発達した。第三紀のなかほど、三千万年前あたりから哺乳類の時代に入る。今から180万年前の洪積世から第四紀というが、これ以降は人類の時代となる。以上が地球上の生物の大雑把な進化史である。

次に人類（ヒト科）の進化史を少し詳しく見てみよう。舞台はアフリカ東部のサバンナ地方である。ヒト科の祖先は第三紀中新世の中期（1600万～1100万年前）に生きていたラマピテクスという類人猿（ヒト上科）であろうとされている。その後今から700万～600万年前に、ヒト科（猿人）とチンパンジーやボノボの系統とが分岐した。最初のヒト科は今のところアルディピテクス属に属するラミダス猿人とされている。しばらくして今から四百数十万年前、ヒト科のアウストラロピテクス属が登場したが、彼らこそ直立二足歩行の開拓者であった。

それは、当時地球が乾燥しはじめたため森林が後退し、その淘汰圧によって高等類人猿が木からサバンナに降りたからだ。なかでもアウストラロピテクス・ガルヒという種（270万年前に登場）が人類の祖先と考えられるが、彼らの脳容積は現在のチンパンジーよりほんの少し大きい450 ccぐらいであった。おそらく彼らはすでに、類人猿一般の群れ生活を脱して人間特有な社会生活を営みはじめていたであろう（Ⅲ参照）。ところで、彼らより以前から人類の祖先が木製の道具を使用していたであろうことは、（たとい証拠が発見されなくても）確かなことと思われる。その次が石器の使用であるが、このガルヒ猿人たちから石器が使用されはじめた、と推測されている。また脳の形態から判断して（大脳新皮質の左側頭葉にあるブローカ領域の痕跡)、彼らはすでに原始的な言語を話していたと思われる。

その後約230万年前にホモ・ハビリスという最初のヒト属が登場する(150万年前まで)。彼らはガルヒ猿人の後裔であろう。脳は500～650ccと推定されている。彼らと同時代に、いわば従兄弟にあたる(ヒト科に属する)種として、パラントロプス・ロブストゥスとパラントロプス・ボイセイが生存していたが、これらは今から150万～130万年前に子孫を残さずに絶滅した。その原因は、われわれの祖先(次に登場するホモ・エレクトゥス)が彼らを圧迫し、殺したり食べたりして死に追いやったからだという説がある(Ⅲで触れる〈狩猟仮説〉参照)。

おそらくホモ・ハビリスの系統から進化したであろうホモ・エレクトゥスが180万年前に登場する(～40万年前)。彼らになると脳は850ccほどになる。彼らの一支族はアフリカから出発してジャワ原人、さらに北京原人となった。火の使用の証拠がある。次に旧人がつづく(60万～数万年前)。脳は1100～1200ccほどに増大している。旧人のうち最も有名なのがネアンデルタール人である(30万～3万5千年前)。彼らはアフリカからヨーロッパに向かったが、その後突然消滅している。その原因はまだはっきりしない。大事な点として、ネアンデルタール人には霊魂についての意識があったようで、その証拠として宗教的な儀式を伴った埋葬の跡が発見されている。だが今ではネアンデルタール人は、われわれ現代人(ホモ・サピエンス)の祖先でないことがはっきりしている。

今から20万～5万年前、(ネアンデルタール人とは別の)アフリカに住む旧人の一部が進化して現代人(ホモ・サピエンス）が誕生した。これがわれわれ自身の属する種であるが、平均1400 ccの脳を持ち、言語による高度な意思伝達能力と思考力を持つ。当初は文字ももたずあいかわらず狩猟採取の未開の生活をしていたが、今から一、二万年前、農耕牧畜を営みはじめてから急速に文明化し（農業革命）、いわゆる歴史時代にはいった。そしてここ数百年間における産業革命や社会の近代化、科学の発達の結果、六十年前から高等技術文明期に突入した。

以上、われわれホモ・サピエンスは地球上の生命の長い進化の歴史のうえで、ごく最近姿を現わしたばかりの一つの生物種として位置づけられた。ここで試みに40億年近い進化史を一年にたとえて、1月1日午前零時に地球に最初の原始生命が誕生したとすると、ヒト科の登場は12月31日の午前8時ごろ、われわれホモ・サピエンスが登場したのは（最も早くて）12月31日午後11時30分ころという計算になる。われわれは地球の生物進化の歴史の一年のうち、最も手前の20～30分ほどを生きたにすぎない。

次に章を改めて、他の生物と比較したときの、人間の生物としての特質をやや詳しく検討してみよう。

Ⅲ　ホモ・サピエンスの生物学的特質

では、われわれホモ・サピエンスの生物としての本質的特質はどこにあるであろうか。多くの論者によって、次の三点が挙げられる。すなわち、直立二足歩行、大脳化、高度な社会生活、である。以下、その内容と進化論的な意義および問題点を順次検討していこう。

第一に、ロコモゥション（身体の移動の仕方）としての直立二足歩行である。これによって前肢（前足）が解放され、自由になって「手」となる。その手がわれわれ人類の場合、人類誕生以前の霊長類時代の樹上生活のあいだに（突然変異によって）親指が他の指と対向するようにすでに進化していたのも大きく幸いした（拇《ぼ》指《し》対向性という）。それまでの指の構造よりも物をつかむ器用さが格段に増大したからである。また直立姿勢のおかげで、その後格段に大きくなりはじめた重い脳をしっかりと支えつづけることができた（ただし直立姿勢は脳の大型化の原因ではなくて一つの条件）。さらに、直立によって（人類程度の体重の動物としては）目の位置が地表から比較的高くなり、立体視と遠望が効くようになったことも大きい要素である。これらが直立二足歩行の長所であった。

ただし、直立二足歩行には不利な点も伴った。まず指摘されることは、腰と膝と脊椎に過重な負担がかかるようになったこと。第二に、その姿勢からして仔の出産が難産となったこと。ただし、後者の意味するところは複雑である。まず、難産化の原因としては次に述べる大脳化の方が主要だったはずである。また、難産によって人類は早産の方向に進んだが*、このことはまた、第三の特質である高度な社会性へと密接に連関していく（長期の育児の必要から男親を伴った家族構成への淘汰圧、養育期間中の言語の習得と学習の重要な意義**、等）。

＊　他の高等類人猿との比較からいうと、人類はさらにあと九カ月間母胎に留まっているべきだという。ただしこの説はまだ定説となってはいないようだ。なお、この早産説と（有名な）ネオテニー（幼型成熟）説とはまったく別の話である。

＊＊　これが翻ってまた、次に述べる大脳化への淘汰圧となる。

第二に、脳の大型化である。アウストラロピテクスのころに比べて、また現存する高等類人猿のうち最も知能の高いチンパンジーに比べて、われわれは約三倍の容積の脳を持っている。しかも大きくなった分のうち大部分は大脳新皮質である。ところで人間の中枢神経系は四つの層をなしていて、最下層に、呼吸、心臓の拍動、生殖などを司る脊髄などの「神経の車台」（これはまだ脳ではない）、次に性行動や縄張り行動などの（感情を伴わない）無条件反射を司る「R複合体」（爬虫類の脳の意）、その上に哺乳類一般が持っている「大脳辺縁系」（中古脳）、最後に人類で飛躍的に（つまり、奇形といっていいほどに）肥大化した「大脳新皮質」（新脳）が積み重なっている。大脳辺縁系は進化史上一億五千万年以上前から登場したが、複雑な内分泌（ホルモン分泌）による制御によって感情・情緒を司る。愛や性欲、短期的な記憶の座である。大脳新皮質は数千万年前から高等哺乳類に備わるようになったが、人類においては言語、概念的思考、未来予測、パターン認識、長期的記憶など総じて知性的な機能を担っている。

ここで少し立ち止まって、大脳新皮質についてしばらく検討してみよう。脳を構成する神経細胞（ニューロン）の数は、大脳新皮質だけで約三百億個とされる。その一つ一つのニューロンは平均千から一万個のシナプス（他のニューロンから情報を受け取る接合部位）を持ち、これを媒介として全体として一つの巨大な情報処理の網の目状の系が形成されている。

ところで、この大脳新皮質の働きとして特に注目しなければならないのは、合目的的思考と言語能力との二つであろう。人類は（IIの冒頭に述べた③にあたる）合目的性の点で特異な生物である。それは、人間は新皮質のおかげで、この生物一般の特徴としての合目的性を自らの頭脳によって意識し自覚しながら生きるようになったからである（人生はすべて〈はかりごと〉、Vで詳述）。同時にそこに言語コミュニケィションの能力が備わったからこそ、ヒト科において集団労働が、ひいては高度な社会の形成が可能となったのである（社会についても後述）。結局、目的意識性と言語との組合せ、いい換えると〈言語を媒介とする目的意識性〉が、人間における大脳化の最も顕著な産物であったといえよう。

とはいえこの場合もいいことずくめではない。大脳化が雌（女性）に難産をもたらすようになったことには既に触れた。機能の点でいえば、まずただちにいえることは、この肥大化した新皮質によってわれわれが日々抱え込んでいる〈心配事〉が新たに生まれた、ということがある。未来を意識しはじめてこそ心配事は成立するからである。

それとは別に最大かつ最も深刻な問題は、脊髄などの神経の車台、R複合体、大脳辺縁系の総じて動物的本能（無条件反射的な行動）を司る部位と、理知的な働きを司る新皮質とが必ずしもいつも調和するとは限らない、という点にある。両者の対立の孕《はら》む問題は、例えば本能的に怒りに任せたいところをぐっとこらえて理性的に振る舞わねばならない（だからストレスが蓄まる）、といったところにあるのでは全然ない。そもそも動物が本能にだけ依存して生存するかぎり、（文明的な生活は望めないにしても）巧みに平均的な一生を送ることができるものである。それは、動物の本能とは長い進化の過程における淘汰の産物であって、だから地球環境にきわめて適応的であるからである。問題はむしろ逆である。つまり、人間において大脳新皮質が、それ自体で調和的な本能の制御を突き破って、個体をあるいは人類を破滅にまで導きかねない、ということである（ホモ・デメンス論*）。本能的には或る限度以上にはけっして越えないことを、知恵（怜悧）を使って突破するとか（例えば、復讐による殺人）、欲望の際限のない追求とか（例えば、名誉欲、蓄財欲、領土欲、蓄妾欲）、挙げればきりがないであろう。この点は次に述べる人類の第三の特質が孕む問題点と連動している。

＊「錯乱のヒト」の意。詳しくは例えば、E. モラン『失われた範列』古田幸男訳、法政大学出版局、第三部第一章、参照。

さて第三の特質として、人類に見られる社会的集団生活を挙げることができる。人間は社会なしには生存できないが、それは群れや社会を営まずに単独でも生きていくことのできる動物たち（例えば熊）と異なっているだけでなく、他の社会的な動物の生活様式とも大きく異なっている。例えば蟻とか蜂や、象や、狼や、鳥や、魚もそれぞれに社会を形成するし、また猿やゴリラ、チンパンジーらも群れ社会を形成しているが、人類の社会はこれらのいずれとも大きく異なっている。それらと比較して人類社会がもつ際立った特徴点は、①道具を使った組織的な集団労働（狩り、農業など)、②言語による意思伝達、③婚姻形態、の三点である。①が直立二足歩行と大脳新皮質（と拇指対向性）の産物であり、②も新皮質の産物であることはすでに確認した。③について少し敷衍《ふえん》するならば、猿や類人猿に見られる、ごく少数の優位の雄が雌を独占するハレム婚（したがって当然その群れ社会には強い順位制が布かれる）から、広い意味で一対一の雌雄の婚姻形態へと人類は徐々にか急激にか移行してきたであろう。もちろん①②③は相互に連関し、相互に淘汰圧として働きあってきたはずであろう。

　ではどのような理由でこのような特徴を有する社会へと人類は導かれたのであろうか。まず、人類の祖先は、一方で個体数が増えていくのに対して、他方で地球物理的にいって次第に厳しくなる自然環境に直面し、従来のような漫然とした食料確保法では次第に生きにくくなってきたであろう。そのとき彼らの一つの群れにおいて、すでに確認した直立二足歩行と大脳化の二つの条件が幸いして、言語（目的意識的な思考を伝達する手立て）を媒介とした集団労働による狩猟採取という方向へ辛うじて行動を進化させることができたのであろう（①②)。このことは、それ以前の群れ社会での順位制のなかでは中位以下だった劣位の雄（男性）まで含めて、ほぼ全員の雄を動員できる労働体系を採用し確立した原始部族（原始社会）の方が、多くの雄を排除する従来のハレム婚社会よりも進化論的にいって有利だったことを意味する。すると、人類社会の第三の特徴であるハレム婚からの脱却（③）は、この①の特徴（道具を使った集団労働）への社会的淘汰圧に必然的に伴って方向づけられたものであったと考えられる。なぜならば、この労働体系が定着するためには、それまで雌と番《つが》う（結婚する）機会に恵まれなかった劣位の雄たちにもその機会が与えられるような方向に淘汰圧が掛かったであろうからだ。その実際的（かつ論理的）解決が雌雄一対一の婚姻形態であったことは明白である*。こうした大きな転換は、すでにアウストラロピテクス・ガルヒあたりから始まったと推定される（あるいはそれ以前からか）。

* 生まれてくる雄と雌の自然比がほぼ一対一だから「一夫一婦制」が最も「自然な」婚姻形態のはずであると考えるのは、生物学的にはまったくの誤謬である。

以上、直立二足歩行、大脳化、高次の社会化の三つの特質が総合的に形成されていく過程を、人類学者は一括してヒト化（ホミニゼィション）というが、その実際を推測する有力な仮説として、〈狩猟仮説〉が提唱されている*。これによれば、類人猿が一般にそれまで果実や根菜を中心とした「採取狩猟」の雑食生活だったのに対して、人類の祖先となる群れが大型哺乳動物（例えばシカ類等の有蹄類あるいはマンモス）を狩猟対象の中心とする「狩猟採取」（「採取」と「狩猟」の順番の逆転に注意）の雑食生活へと転換したことが大きな意義をもったという。この転換がもたらした有利な点としては、高質な動物性蛋白質の恒常的な摂取による栄養供給の改善が指摘されている（これに火の使用の発見が加わる）。このことは特に、高性能の脳を大型化する淘汰圧に寄与したであろうし、また筋肉の質的な改善にも寄与したであろう。そのさい道具（武器）を使った集団的・組織的な労働（効率的な分業による狩り）が決め手になった。これが（先述のように）高次な社会の形成を促した。ここから、生物進化の歴史からすればあっという間に（数百万年で）人類は地表の王者になったわけである。

＊　例えばE.O. ウィルソン『社会生物学』伊藤嘉昭監訳、思索社、第五巻、第二七章、D. モリス『裸のサル――動物学的人間像』日高敏隆訳、河出書房新社、第五章、R. アードレイ『狩りをするサル』徳田喜三郎訳、河出書房新社、第一章、参照。なお、この仮説には反対も多い。その一例として、R. リーキー／R. レウィン『ヒトはどうして人間になったか』寺田和夫訳、岩波書店、参照。

が、同時に人類社会に固有な問題も生じた。第一に、人間に潜む動物的・自然的な衝動・欲求と、新たに社会を維持する必要から形づくられてきた掟・禁忌との葛藤が始まった。いわゆる〈ピュシスとノモスの対立〉といわれるものである*。これは今日に至るまで、一方で個々の人間を苦しめ、他方で社会を脅《おびや》かしつづけている。第二に、狩りの対象となる動物に対してだけでなく、生存領域が競合する近縁のヒト科に対しても（パラントロプス・ボイセイたちの運命を顧《かえり》みよ。II p.32）、さらには同じ種（人間）の他の群れ（他の社会）に対しても、最後に同一の社会のなかの他のグループや個体に対しても、武器を伴った争い、つまり殺人や戦争が登場した。例えば、他部族・他民族を対象とした憎悪を思想的に組織し、その時々の最先端の技術を駆使した武器で武装して繰り広げられる絶え間ない戦争の歴史を考えてみよ**。――人類社会の形成にともなうこれら二つの問題点は、先に述べた大脳化に関するホモ・デメンス論の論点とぴったり重なりあう（p.37。大脳辺縁系以前の脳と大脳新皮質との不調和・対立）。―

—ここまでは〈狩猟仮説〉によって考えてみた。

＊　ピュシスとは〈自然〉、ノモスとは〈規範、律法、法律〉を意味するギリシア語である。両者の葛藤としては、第一に雌をめぐっての雄どうしの争いが考えられる。そのような例は例えばギリシア神話、『古事記』を一読するだけでふんだんに見いだされる。なお、本書第三部II、参照。

＊＊　例えば現在進行中〔1994〕の、ルワンダにおけるツチ族とフツ族の死闘。百日間で八十万人の犠牲者を出したといわれる。確かに、人間性善説に立って戦争の発生の理由を農業革命（一、二万年前の農耕の確立）以降の社会的不平等の成立だけから（歴史的・経験的にのみ）説明するのでは不十分であろうと思われる。

以上がわれわれ人類を生物学的見地から反省したときの特質と問題点であった。

これまで三章にわたって自然科学の知見に依拠しながら、総じて自然界における人間の位置、生物としての人間の特質をまとめてきた。このあとはこれらを前提として、本小論の主題である「人生の意味」について考えていきたい。

Ⅳ　人類誕生をめぐる偶然と必然

人はときおり己《おの》れの生誕をめぐる偶然性に深く思いを巡らして、慄然《りつぜん》とすることがある。「私は偶々《たまたま》生まれたにすぎないのであって、むしろ生まれなかったことの方が大いにありえたのではなかったか」と。例えば、誰もが一度は、自分の母親が父親とは別の男性と結婚していたとしたら私は絶対に生まれていなかった、と想像するのではないか。しかもこの種の疑惑は祖先に向かっていくらでも遡《さかのぼ》らせることができる。

同様のことが種としての人類の誕生についても疑問となる。本章ではこの点を検討してみよう。この疑問が「人生は生きるに値するか」というわれわれの根本問題を解く最初の手がかりを与えてくれると思われるからである。

まず次の点を確認しておく必要がある。それは、自然科学的にいうならば偶然も必然も共に客観的に存在する、ということである*。いい換えれば、世界は全面的に必然性によって貫かれているのでもないし、逆にすべてが偶然に委《ゆだ》ねられているのでもない。あらゆる現象は、必然性と偶然性の絡《から》まり合いから生じるのである。したがって人類の誕生についてもこれら二つの契機から検討されねばならない。

＊　必然性の代表としてニュートン力学の第二法則（F = ma 力とは、

質量に加速度を掛けたものである）や、エネルギーと質量に関するアインシュタインの法則（E = mc^2 エネルギーとは、質量に光速の二乗を掛けたものである）を思い浮べることができる。これらは物質の大領域にマクロに妥当する。反対に、世界に客観的に存在する偶然性の例としては、量子力学における不確定性原理が代表である。これは、周知のように電子や光子など、量子の微小な（ミクロな）世界に当てはまる原理である。だが宇宙の最初期において、この量子論的な偶然性がその後の宇宙の展開に決定的な役割を果たした（後述）。

だがその前に、必然と偶然という言葉の日常的な用語法について一瞥《いちべつ》しておこう。例えばA、B二人の将棋好きの実力比が十対一だとすると、一回だけ勝負すればたいがいAが勝つだろう。結果としてAが勝った場合人は必然といい、Bが勝つとそれは偶然だ（偶々まぐれでBが勝っちゃった）という。だが、実力比からするとBが勝つ確率も十一分の一はあったのだから、Aが勝つことは100％必然だったのではなく、厳密には十一分の十「必然」で残りの十一分の一は「偶然」だったというべきであろう。このように、すべては必然と偶然の相対的・相補的な関係にある。

すると人類の誕生についても、すでに結論は出ているようなものであろう。すなわち、この地球上では生まれないこともありえたが、生まれる確率も一定程度あったのだから、事実生まれたのだ、と。だがやはり人情として（先ほどの将棋の例のときと同様に）、その生まれる確率（蓋然性）がきわめて小さかったとするならば（例えば仮にこの宇宙全体で人間のような高等知性体が一つでも生まれえた蓋然性は１兆分の１以下であったなどと、天文学者や生物学者に根拠を示していわれたとすると）、現にわれわれ人間がこの地球上に生きていることはきわめて偶然であると感じて、不思議で「有り難く」、貴重なもののように感じるであろう。逆に仮に、その蓋然性は限りなく1に近くて、どの恒星にも生命は誕生するものだ、などといわれたとすると、われわれの生存についてほとんど何の貴重さも感ぜず、味気ない気がしてくるであろう。したがってやはり、人類誕生は偶然に近いのかそれとも必然の方に傾くのかをはっきりさせるために、宇宙のこれまでの膨張の歴史、地球の生命の進化史上の事実に照らして、一つ一つ具体的に吟味する必要があるだろう。

まず第一に、人類誕生の必然性の方から見てみよう。われわれはすでにIにおいて、ドレイクの評価式に基づいたC.セイガンたちの計算を検討した。それによれば、いったんこの宇宙が形成されはじめたとすると、この銀河系の中だけでも人間程度以上の高等知性体は常時百万ほど生存しているはずだという。これは、(前述のようにこの数値をそのまま鵜呑みにする必要はないにしても）人間のような生物がこの宇宙のどこかに誕生するのはほとんど百%必然である、ということを意味している。このことを一方の帰結としてわれわれは容認しようと思う。

では第二に、地球上における人類誕生の偶然性の方はどうであろうか。以下見ていくように、偶然性の考察は相当こみいっている。

まず、いま確認したばかりの人類誕生の必然性は、「いったんこの宇宙が形成されはじめ」さえすれば、というものであったが、ではこの宇宙が誕生したのはどの程度の必然と偶然の産物だったのだろうか。いい換えれば、超宇宙のなかにこの宇宙の型のような物質系が形成される蓋然性はどの程度あるのであろうか。Iで触れた〈超弦理論〉によれば、宇宙の卵としての「量子のゆらぎ」が（或る条件を満たして）「閉じる」ことによって十一次元の世界を形成し（ビッグ・バン)、そこからこの宇宙のような系が膨張しはじめるのは、きわめて低い確率のはずである*。つまり超宇宙的な観点からすると、われわれの宇宙の生成はかなり偶然に傾いているといえる。ということは、われわれの生命の誕生も、出発点からして多分に偶然の産物だったということになる**。

＊　「そもそも私たちのこの膨張宇宙自体、量子のゆらぎから、たまたま生じたのだ」(海部宣夫『宇宙史の中の人間』岩波書店、p.161)。さらに町田茂、前掲書、p.141、p.183、参照。

＊＊　この点で一部の天文学者が主張している「人間性原理」は、宇宙がこの宇宙しかなく、他に宇宙が存在しないとするならば、真剣に検討してみる必要がある（たぶん他の宇宙は無数に存在するだろうが)。これについては、例えばP.C.W. デイヴィス『宇宙はなぜあるのか』戸田盛和訳、岩波書店、参照。

次に、われわれのこの宇宙が偶然に（めでたくも）膨張しはじめたとしても、そのあと必ずしもいまあるような宇宙の姿へと成長するとは限らなかったという。すなわち、膨張の初期に、ここでも同じく「量子のゆらぎ」が決定的に重要な役割を果たしたのである。その時期は、Ｉで述べた〈強い力〉が分離したころ(ビッグ・バンから10^{-35}秒たったころ）といわれている。現在の宇宙の光とクォークの数の比から推定して、そのころの宇宙ではクォークが反クォークよりも偶々10億分の1だけ多かったはずである。これを天文学者は〈対称性のやぶれ〉という。このゆらぎがその後の宇宙の物質密度を決定したのであるが、その結果現在あるような天体、元素、生命が可能になったのである。もしタイミングが少しでもずれてゆらぎが10億分の1より大きかったならば、宇宙はもっと物質密度が大きいものとなって早くからブラックホールだらけになっていたであろうし、反対にゆらぎがより小さかったならば銀河も星も生まれないのっぺらぼうな宇宙になっていたはずである。いずれの場合とも生命や人間は生まれえなかったであろう*。つまり第二に、この宇宙の誕生直後の「量子のゆらぎ」の偶然性が約百三十七億年後の（この地球上における）人類の誕生を決定的に支配しているのである。この点からもわれわれは偶然の産物であるといえる。

* 海部宣夫、前掲書、p.150以下、p.160、参照。

以上はこの膨張宇宙の生誕時の偶然性と、ビッグ・バン直後の〈対称性のやぶれ〉の確認であった。次に話をこの宇宙、しかもいまあるような宇宙に限定しよう。セイガンたちがいうように、いまあるようなこの宇宙に多くの高等知性体が進化するのは必然だとしても、だからといってただちに他ならぬこの地球上に人間が必ず生まれなければならなかった、ということにはならない。しばらくこの角度から見た偶然性について考えてみよう。

まず最初に、われわれの住む銀河系の類型についてである。この銀河系は（典型的な）渦巻き型の銀河であるが（隣のアンドロメダ銀河も同様）、それは多分に偶然の産物である。もしこれがいっそうありふれた楕円銀河だったとすると、ガス円盤をもたず、ゆえにそのなかの恒星は惑星系とならず、したがって生命の発生はほとんど不可能だったと考えられる。

第二に、銀河系における太陽の位置が偶々中心から遠いところにある、という点も見逃せない（中心から約3万光年）。中心に近すぎると銀河の中心核をなす巨大ブラックホールからの様々な宇宙輻射が強すぎて、生命が育たないからだ。

第三に、太陽に関して最も大事な点として、わが母なる太陽は恒星としては偶然比較的小さかった、という事実が挙げられる。それは、（地球の例が一般的な事例だとすると）生命が発生し高等知性体にまで進化するには数十億年の月日が必要だと思われるが、恒星がそのぐらい以上の寿命を保つことができるのは太陽の質量の二倍程度の星までに限られるからである。また太陽の五倍以上の質量を持った恒星は、寿命が短いだけでなく（計算によれば、太陽の10倍の星の寿命はたったの2千万年である）、最後は超新星爆発となって華々しく吹き飛ばされる宿命にある（あとには中性子星ないしブラックホールが残る）。これではその近傍の天体（惑星などの）では生命誕生どころの話ではない*。

＊　ただし恒星のうち超新星爆発するのは千に一つ程度という。とはいえ、超新星爆発によってできる重元素（炭素、窒素、硫黄、ナトリウム、カリウム、リンなど）や超重元素（銅、亜鉛など）がその後の生命の発生にとって重要な素材となってくれたのであるから、これはこれで生命誕生にとって必須の前提条件である。

第四に、太陽が偶々惑星系として形成された、という点も重要である。或る恒星が惑星系となるのは以前にいわれていたほどに稀ではないにしても、やはり必ずしも必然的なことではないらしい（前述したように、十に一つと見られる）。他に連星系（二つ星、三つ星）になる確率もかなり高いからだ。事実、最近の太陽系の研究では、木星が太陽と対の恒星となって二つで連星系をなすことも蓋然的にはありえたという。ところで、（説明は省くが）連星系ではやはり生命の誕生の確率はきわめて小さくなる。だからここにもかなりの偶然が指摘されうる。

次に地球に話を移すと、第五に、太陽系における地球の位置が大きな意味を持つ。水星や金星ではたとい生命が発生してもすぐに死滅して、とても高等知性体にまでは進化しえないであろう。逆に土星以遠になると太陽エネルギーが十分に到達せず、やはり生命の発生にはきわめて不利であろう（可能性があったのは、地球と火星だけか）。

このことと密接に連関するが、第六に地球物理学的にいって、当初から地球が分厚い大気を持ち（最初は還元大気）、初期に海洋を形成したという点が決定的であった。なぜならば、大気のヴェールの下で初めて生命発生に必要な様々な化学反応が可能であったし、また海こそ生命の〈苗床〉として最適だからである（原始生命の発祥の地は暖かい入江のような場所だったと考えられている*）。地球が大気を持たず、海洋を形成しないこともありえたわけだから、この点にもなにがしかの偶然が指摘されよう**。

＊ 最近では海底熱水噴射孔（ブラック・スモーカー）付近で原始生命は誕生した、という説も提唱されている。柳川弘志『生命の起源を探る』岩波新書、p.64 以下、参照。

＊＊ ただし遊離酸素についていえば、（IIで触れたように）原始生命が誕生したのちにいわば地球上の生命が自前で水を分解して生み出したのであるから、地球における酸素の存在は生命にとって偶然ではない。

第七に、これまでの諸条件を前提したうえで、この地球上にともかくも四十億年前に無機物から生命という物質系が発生したという事実にまつわった様々な偶然性がある。生物学者は概してこうした偶然性を強調する*。アミノ酸の組成が自然に形成される蓋然性の低さ、そのアミノ酸の連鎖（ポリ・ペプチド）からなる各種の蛋白質の、それぞれに特殊で絶妙な働きと連携をめぐる確率の低さ**。他方、ＤＮＡやＲＮＡを代表とする遺伝の仕組み（生殖と物質代謝の両方を担う）をめぐる偶然性***、……。いずれにせよこの点での偶然性については、楽観派と悲観派とのあいだで今後も論争が続くであろう。

＊「筆者には、人間は宇宙における奇跡であり、……したがって、銀河系の内で高度な知的生物は人間をおいて他にないと……思われる」（木村資生『生物進化を考える』岩波新書、p.282）。他に例えば、J. モノー、前掲書、p.168、参照。さらに前掲の C. セイガン編『異星人との知的交信』におけるクリック（ワトソンとともにＤＮＡを発見したイギリスの分子生物学者）とセイガンの論争を参照（p.68 以下、p.145 以下）。いうまでもなく、前者が〈奇跡〉派で後者が〈ありふれている〉派である。

＊＊　Ｉで述べたように、近年、宇宙空間に浮遊しているアミノ酸のスペクトルが捕えられた。とすれば、こうした物質形態の少なくとも形成についての偶然性は、これまで生物学者が考えていたよりも小さいのかもしれない。

＊＊＊　一例だけ挙げれば、現在地球上の全生物を汎通的に支配しているＤＮＡ（ないしＲＮＡ）のコドン（有意味なトリプレット）とそれによって指定されるアミノ酸との生物物理学的・化学的な対応には、元来なんら必然性がなかった（対応の恣意性）、等。この点については、J. モノー、前掲書、p.126 を参照。ただし、コドンとアミノ酸の対応をはじめとする遺伝の機構に関しては、地球生命の有するそれが全宇宙において唯一可能な型であるとは思われない。すなわち、他の型の生命形態の（地球での）発生可能性をも考慮すれば、この点での偶然性はそれだけ低く見積もられることになろう（C. セイガンの主張）。

第八に、地上に生命が誕生したのちにも、生物進化にまつわる様々な偶然性が挙げられる。①まず進化の起点となる突然変異にはいくつかのパターンがあるが*、それぞれ日常的にはきわめて確率が小さい。②突然変異した生物個体が生きて誕生する確率が低いうえに、それがより優れて適応的である確率もきわめて小さいはずである。③仮にそういう優秀な突然変異が稀に起こっても、それが遺伝子プールのなかで安定する前に絶滅することの方が多く、定着増殖して新種の形成にまで至ることはかなりむずかしい**。

＊　木村資生、前掲書、第四章、参照。

＊＊　この点には最近注目されている、集団遺伝学における分子進化に関する木村資生の中立説が関わってくるが、詳しくは木村、前掲書、p.99以下を参照のこと。

第九に、そもそも進化は地球環境を適応の主要な相手としているが、自然環境の方は生物進化とは無関係に地球物理学的に変化する（少なくとも人間の文明の発祥以前は）。ところが、生物の或る系統がいったん特定の環境に適応的に特殊化すると、後戻りがきかない。すると、環境の急変によって優秀種がたちまち絶滅の運命に陥るということもあるだろう。だから環境との関係の偶然性も考慮しなければならない。大きな変動の例としては、数億年周期に起こる地殻のプレート移動による大規模な火山活動、それに起因する地球の温暖化、その後の冷却と氷河期、が挙げられる。これも、このあとに述べる小惑星の衝突と並んで、生物界の大絶滅の一つの誘因である。人類形成史でいうと、今から1500万年前ごろに（生物世界とは無関係に）地球が乾燥化しはじめて森林が後退しサバンナが拡がったことが逆に大いに幸いしたはずである（たとい樹上生活をしていた霊長類＝猿一般にとってこれは災難だったとしても）。これも人類の誕生にとって偶然の一つであった。

第十に、生物が進化している途中に地球外から襲うカタストロフ（大破滅）の規模とタイミングの偶然性も大きいだろう。すでにIIの注で触れたように（p.30）、小惑星の衝突がこれの一つの例にあたる＊。初期生命が何度か誕生したけれどもそのつどこれによって絶滅した、という説もあった。6500万年前に衝突した小惑星についてもただちに次の二点がいえる。(1) 確かにこれがなかったら今日の高等霊長目（類）の出現はなかったであろうし、したがって人類は生まれなかっただろう。(2) 逆にこれがなかったら、恐竜（爬虫類）の一種が高等知性体へと進化したかもしれないが、その可能性が潰《つい》えたわけである**。小惑星の衝突以外のカタストロフとしては、この数十億年の間に、太陽の近傍にある大きな恒星が超新星爆発を（偶々）起こさなかったとか、その間にこの銀河系の中心が太陽系も巻き込むほどの劇的な変化を起こさなかったとか、別の銀河がわが銀河系の近くをかすめたりわが銀河系と衝突したりしなかった、等々、この種の偶然性をいくらでも挙げることができる***。

*　小惑星のここ数億年における地球への衝突の確率は、規模ごとの周期がほぼ計算されている。すなわち、直径 100 mの小惑星は約 1 万年に一回、直径 1 kmになると約 100 万年に一回、そして直径 10 kmのものは 3000 万年に一回地球に命中するという。ゆえにこの現象自体は長い目で見れば必然事である。この話は、大規模な地震がどのぐらいの周期で起こるか、次はいつごろ来るか、にまつわる偶然と必然の話と似ている。

**　直立二足歩行、大脳化、集団労働を含む人類に特徴的と思われる社会生活の三つの特質とも、爬虫類でも進化の時間が与えられれば可能だったと思われる。もしそうならば、彼らも高等技術文明を築く可能性を持っていたということになる。

***　ただしこれらの例は、太陽の近傍ではむしろ起こらないことの方が確率的に圧倒的に高い。だが起こる確率もゼロではなかったはずだから（事実これらのすべての事例がこの銀河系や他の銀河で観察されている)、その分の偶然性を加算する必要がある。すると、この種の項目をどんどん考慮に加えていくと、地球上での人類誕生の確率は限りなくゼロに近づきはしないかという疑問が湧くが、そうはならず、或る値に収斂《しゅうれん》するはずである。

人類の誕生をめぐる偶然性を列挙するのはこのへんまでにしておこう。ここで冷静に考え直さなければならないことがある。われわれの本章での問題は、この地球上に人間のような高等知性体が誕生したことは果たして偶然だったのかそれとも必然だったのか、ということであった。すると、第六番まで列挙したこの宇宙の誕生についてはもちろん、銀河系や太陽や地球自体をめぐる様々な資格（条件）に至るまですべてむしろ既定の事実として前提されていたことになるから、それらに伴う偶然性は考慮から外さなければならない。そこで問題を厳密に立て直すとすれば、「この地球と同等の条件を持った天体（惑星）がいったん宇宙のどこかに形成されたとして、上記の七から十の偶然性の契機、すなわち、生命の物質機構の誕生、突然変異、その天体自身の物理的環境、その天体外からのカタストロフにまつわる偶然性をくぐり抜けたうえで、その天体上に進化の産物として人間程度以上の高等知性体が生まれる蓋然性はどの程度か」となるだろう。条件を緩めて「この銀河系のなかに存在する任意の惑星において……」とすると、Ⅰに紹介したセイガンたちの討論によれば、彼らの得た暫定数値は1％であった。この数値から逆算すると、地球は平均以上に条件のいい惑星であるといえるから、われわれの求めている確率は数％から10％の間であろう＊。残念ながら現時点ではこれ以上の厳密な算定は望めない。

＊　前掲のC. セイガン編『宇宙人との知的交信』、p.204以下、参照。

――結局本章のこれまでの（けっして短いとはいえない）検討の果てに、われわれは帰結として何を得たのであろうか。地球上における人間の誕生は必然ともいえ、また偶然でもあったということ、これである。だがこれは、われわれの出発点そのものであった（p.43）！　とはいえ、最初の出発点を具体的な検討を通して確証しただけでも無駄ではない（虚無感に陥るのはまだ早い）。

では上の確証からさらに何が導かれるであろうか。われわれはⅠの末尾で、宇宙の雄大さと悠久さに比べて、いかに人間が矮小で儚い存在にすぎないかという素朴な感慨を得た。だが、これはまだ量的な比較の範囲内にとどまっていた。これに比して、本章における偶然と必然をめぐる考察からは、宇宙における人間存在に関して、いわば質的で冷厳な一つの真理が感得されないだろうか。すなわち、人間とはこの地球上に《いても不思議ではないが、いなくても構わない存在》である、と*。われわれはこののちこの命題を、「人生は生きるに値するか」という根本問題への最初の手がかりとしたい。

* すでにC.セイガンが次のようにいっている。「わたしたちは生命の存在できる宇宙のなかに住んでいるが、これはまことにすばらしい（wonderful）ことだ。わたしたちはまた、銀河や恒星や世界を破壊してしまうような世界に住んでいるわけだが、それもすばらしい〔驚異（wonder）に満ちた（full)〕ことである。宇宙は〔人間に対して〕友好的でもなければ、敵意をもっているわけでもない。わたしたちのような詰まらぬ生物のことなど、気に止めていないだけである」(『コスモス』木村繁訳、朝日新聞社、下p.163。引用中の〔　〕内は渋谷による補い、以下同様)。

V　人間存在の根拠と意義

「人間とは何か」がわれわれの究極課題であった。そして、そこに至る前にどうしても避けて通れない根本問題として、「人生は生きるに値するか」をいまわれわれは検討している。

だが、前言を覆《くつがえ》すようであるが、これら二つの問いの関係はそれほど単純ではなく、むしろ相互依存の関係にあるというべきである。というのは、後者の問いを発する前提として、何かについてそれが価値を持つか（値するか）それとも持たないか（値しないか）と問うことが人間に可能でなければならないからである。そして、人間がこのように問う能力・傾向を有しているということ自体が、「人間とは何か」という問いへの一つの有力な答えであるからである。すなわち、人間とは価値（意味）を問う存在である、と。このことが、「人生は生きるに値するか」という問いの前提にあるのである。

ところで、人間がこのような能力・傾向を有しているのは、Ⅲで明らかにした人間の生物学的諸特質の絡み合いの産物なのではないだろうか。つまり価値を追求するという態度は、ホモ・サピエンスという生物に特有な生き方・存在様式・行為の振る舞い方に関係しているのではないだろうか。

私はⅢで、人類の大脳化の結果として、人間の為すことは（ほとんど）すべて〈はかりごと〉であると指摘した（p.36）。これが他の生物と比較して、人類の際立った本質的特徴である。むしろ人類はこの〈はかりごと〉によって辛うじて今日まで生き延びてきた、というべきだろう。そして数百万年の間の形質の進化をへて、いまやこの〈はかりごと〉は人間にとっていわば第二の本能となって定着した、といってもよいであろう。

人類の〈はかりごと〉という営みの経緯を一般化すると次のようになるだろう。① まず、あらかじめ未来に向けて自ら目的をたてる。② ついで、その目的を実現するに必要な手段・方法・条件をあらかじめ自ら合目的的に整える（道具、材料、日時の設定、資金、組織、訓練、他）。③ 最後に、①でたてた目的を実現すべく②で整えた手段等に則《のっと》って、自ら実際に実践する。④ その結果、成功すればよし、失敗した場合、(a) 目的はそのままにして②を整え直して再度挑戦する、(b) ①の目的そのものを修正する、(c) 断念する、のいずれかを選択する*。

* ④の (a) (b) は何度でも繰り返すことができる。したがってそれらは、内容的には①②③に還元することができる。

ここでいくつか留意すべき点がある。第一に、この営み全体が一つの〈はかりごと〉を構成するだけでなく、①～④のそれぞれで人間はまた〈はかりながら事を進めている〉ということである。例えば、まず①で目標を設定する場合にも、諸般の状況を的確に判断しながら（＝〈はかりながら〉）決定するであろうし、②において材料を用意するにしても、当然①の目的に適合した量を〈はかる〉であろう。まして③の実践段階においては刻一刻、臨機応変の処置（〈はかりごと〉）が求められる。総じて、〈はかりごと〉は入れ子構造になっていて、どんな〈はかりごと〉もそのなかにまた多くの〈はかりごと〉を含んでいるといえる。

第二に、この合目的的な行為は、大脳の高次な知性に依りながら、手足、指などの（大脳以外の）柔軟な身体的諸器官の能力、および社会的な協働によって構成されている。つまり、Ⅲで検討した人類の三つの生物学的特質――直立二足歩行、大脳化、人類社会の形成――の総和としてこの行動様式は成立したということができる。

第三に、人間の振る舞いは、集団の行為（例えば、狩猟採取、農耕牧畜、政治・軍事、企業活動、盆踊り大会、学問共同研究）であれ、個人の行為（例えば、大学受験、特定の異性の心をつかむ、将棋の大会で優勝を目指す）であれ、すべてにこのプロセスを採っているはずである*。もっとも原始人類においては、個人的な行為としての〈はかりごと〉はまだ目立たず、〈はかりごと〉の大半が集団的行為であったであろうが。

* ①②③（④）のすべての階梯をしかもこの順序に沿って辿らないとするとどうなるかは、志望校を決めずに（目的なしに）受験勉強している浪人生、準備もなくやみくもに実践に走る人、目的も準備も万全なのにいざというときに実行を躊躇する人、等々の具体例を思い浮かべてみれば容易に想像できよう。

漢和辞典を見ると、〈はかる〉と読むことのできる漢字が170個以上あることがわかる（いうまでもなくすべてが動詞として機能する）。計、測、量、図、謀、諮、秤、までは当然として、他に（われわれが日常的に使っている漢字でいうと）概、疑、商、揆、慮、議、論、参、営、宅、国、財、訪、算、権、稽、爵、なども〈はかる〉と読める（読めた）ことがわかる。これら一つ一つの漢字の意味を吟味してみると含蓄が深い。極論すると、人間がなすわざを表わす動詞としての漢字を、昔の日本人はすべて〈はかる〉と訓読みしたのではないか、といえるほどである。このことは冷静に考えれば、中国人がそれぞれ別の発音でいい表わし別の漢字で書き表わしていた営みを、語彙《ごい》の不足のゆえに一括して同じ音で発音せざるをえなかったヤマト言葉の貧困に由来する。だが、このヤマト言葉の乏しさがかえって、〈はかりごと〉という人類に最も本質的で普遍的な特徴がもつ守備範囲の豊かさを示してくれることになったわけである*。

＊　なおこれらの漢字のうち、約二割がゴン偏、一割弱がテ偏、さらにキ偏とリッシン偏（心）をあわせて、これら四つの偏だけで全体の約四割を占めるという点も興味深い。つまりこの事実は直前に述べた第二の留意点、すなわち〈はかりごと〉は脳髄（言語・心）・手足・道具（木）の総和であるという事情を、〈はかる〉と読める漢字の一覧そのものが証しているといえよう。この点について詳しくは、拙論「〈くわだて〉と〈はかりごと〉——人間の本質の解明のために——」（埼玉大学教育学部紀要（人文・社会科学（Ⅲ））第46巻第1号、1997）を参照。

人類固有のこの振る舞い方に名を付けるとしたら、何と呼んだらよいであろうか。〈目的定立実現活動〉とも〈自己実現〉とも呼びうるであろう。だが私はここで、この〈はかりごと〉こそが人間存在（「人間とは何であるか」）の随一の本質である、という意味あいをこめて、これを「人間的自由」（人間に固有な振る舞い方としての「自由」）と定義したい*。

＊　上に①②③の階梯を叙述したさいに、それぞれに「自ら」という句が挿入されていたことの意図を酌《く》んでいただきたい。

ただし、ここで定義された「人間的自由」は、絶対的自由を意味しない、つまり、厳密な意味で「自らを（唯一の）理由とする」自由ではない（例えば、いわゆる「神の自由」に類したものとか、自然必然性から独立した人間の自由意志、などではない)。そうではなくて、これは自然必然性の枠内に可能となるような、相対的自由である。さらにいえば、この「自由」は自然の必然性と偶然性に還元できる性格のものである。上と対照的にいうとすれば、これは「自らを経由する」自由であるにすぎない。

ここから議論を一歩進めよう。或る行為を為すとき、初めに立てられる〈目的・目標〉は、言葉を換えればその行為全体にとっての〈意味〉となる。そしてまたこの〈意味〉はその行為を〈価値づけ〉、〈正当化〉する。この〈正当化〉はまた二つに分かれる。すなわち、過去からの〈根拠づけ〉と未来への〈意義づけ〉である。例えば、何かを準備しているとき、その準備の〈根拠〉は過去に立てられた目的に遡《さかのぼ》るし、〈意義〉はその目的が未来においてどの程度実現される見込みがあるかに掛かっている。この両面から現在が〈正当化〉されるからこそ、人間は辛《つら》くて労苦の多い ② の準備期間を耐えたうえで、ときには身に危険が及ぶことさえある ③ の実践を敢然と為すことができるのである。

長い人類形成史の間に、人類は自分たちのあらゆる行為についてその〈意味〉〈価値〉〈正当性〉を反省してきた(「はたしてこれはやるに値するだろうか」)。そしてついには自分たちの一つ一つの行為についてのみならず、世界のあらゆる出来事、現象、存在に関しても同様にその〈意味〉〈価値〉〈正当性〉を問うようになったのは自然の成り行きであったろう。例えば、「何ゆえに富士山はあのように美しく聳えているのであるか」と。この発想が、例えば「あいつは何ゆえに故郷を棄てて東京に転居したのだろうか」といった疑問の応用であることは明かである。

ところで人間にとって最も根本的な出来事は、自分がこの世に生まれてしまった、という原事実である。だから、「人生は生きるに値するか」というわれわれの根本問題も、結局はこのような、人間的自由に伴う〈価値づけ〉〈正当化〉の問いの一つの必然的な（高次な）応用としてある（人間哲学の成立）。

さて、二つの〈正当化〉、すなわち過去からの〈根拠づけ〉と未来への〈意義づけ〉のそれぞれは、「ある」か「ない」かのどちらかである。まず、過去からの根拠づけに支えられると人は安心し、そうでないと不安に陥るであろう*。また、未来への意義づけは人に希望を与え、それが見いだせない場合には人は絶望に陥るであろう。

＊「安心」、「不安」という言葉遣いは通常むしろ未来に向かって使うことが多いが、本小論ではあえてこのように過去に向かって用いる。

すると或る事柄をめぐっての〈意味〉〈正当化〉の組合せは次の四つになる。

ア　過去からの根拠づけもあり、未来への意義づけもある。安心＋希望。人間はこの安心（過去）と希望（未来）とに挟まれて初めて、現在の生を十全に正当化することができる。

イ　過去からの根拠づけは見当たらないが、未来への意義づけは語ることができる。不安＋希望。

ウ　過去からの根拠づけはあるが、未来への意義づけはない。安心＋絶望*。

エ　過去からの根拠づけも、未来への意義づけも、共にない。不安＋絶望。

＊　**イ**と**ウ**を比較すれば、常識的に判断して**ウ**より**イ**の方が望ましいといえるだろう。

個々人の人生についても、或る集団の存在についても、この**ア**

イウエのどれに当てはまるかを検討することには「意味」がある。ここで個人の人生についてこれら四つの組合せを一瞥してみよう*。

＊　集団の例としては、試みに他ならぬ日本についてこの百年の過去を顧みつつ二十一世紀の未来を展望すればよい。すると現在の日本をめぐる組合せは**アイウエ**のどれになるであろうか。

個人の存在を過去から支える根拠としては、本人のこれまでの努力（成功）の積み重ね、過去の幸福の思い出（一度は愛されたことがある）、先祖伝来の伝統の継承（代々の漁師、歌舞伎役者など）、特別に選ばれたものとしての使命感（宗教改革者、芸術家など）、出自・家柄（遡ると天皇家につながる、など）などが挙げられる。これらとはやや異なって、（成人するまでのあいだ）両親が揃っているか、それともなんらかの理由で片親かまたは孤児か、という事情も個人の人生を支える過去からの根拠として大きな重みを占めている。そこで以下しばらく、この最後に挙げた事情を個人の存在根拠の有無の例として扱おう。

他方、未来への意義づけとしては、出世栄達、地位名誉、蓄財、未来社会に役立つ、人類の解放、など色々考えられる。また当然、出自の誇りなど過去からの根拠づけとは対称的に、自分の子孫の繁栄を未来への希望とする気持ちも人間には（も）強い*。しかしここでは、或る個人がこれからの人生においてどの程度自己実現を成就する見込みがあるか（希望がかなうかどうか）を、その人の存在意義の有無の例としよう。すると**アイウエ**の四つの組合せはどうなるであろうか。

＊「自分のほんとうの未来は、血のつながった者たちにゆだねられており、死後も血縁の子孫の中に生きつづけるはずだ」（ゴールズワージー『人生の小春日和』河野一郎訳、岩波文庫、p.186）。

現代の日本でいえば、大概の個人は両親が明白で、かつ（多かれ少なかれ）己れの未来の自己実現を信じているであろうから、**ア**であろう。すなわち彼らは先に触れたように、人生の意味を十分に確信しつつ、己れの現在を正当化できる条件を基本的に満たしているといえる。

だが少数ながら、両親が揃っていない人々がいることも事実だ（病死、交通事故死、離婚による母子家庭・父子家庭、いわゆる未婚の母、捨て子、など）。様々な点でこうした事情からくる艱難度は大きいけれども、とはいえ彼らも未来に向けて自力で希望を抱くことはできる。とすればこの組合せは**イ**に当たる。彼らは過去からの根拠を持たない分、かえって**ア**の連中に比べて未来への意義を強く自覚しながら生きていくであろう*。

＊　例として、ルネッサンス期の代表的な人文主義者のエラスムス（捨て子）、二十世紀フランスの画家ユトリロ（父無し子）、等を挙げることができる。イエスもそうだったのかも知れない。

反対に、出生の点では問題がないのに、未来に希望を失った（失わされた）人々もいる。いわゆる「落ちこぼれて」（正確には「落ちこぼされて」）自暴自棄に陥った若者とか、「窓際族」に追いやられた初老期鬱《うつ》症のサラリーマン、さらには身寄りのない病身の老人、など。これらが個人における**ウ**の組合せの人々である。この人々は傾向として、未来への意義を失った分だけ、生きる支え（根拠）としていっそう過去の栄光、幸福（の追憶）にすがろうとするであろう。

さて、**エ**の組合せはどうであろうか。すなわち、不安＋絶望の、最も悲惨な組合せである。もしこの組合せが個人として存在するとすれば、彼／彼女は己れの運命の余りの酷《むご》さに耐えかねて、もはや生きていくことが不可能ではないかとさえ推測される。確かにこの事例も見いだせないわけではない＊。とはいえ実際にはほとんど考えられないから、大部分の人々はこのエは自分に無縁な組合せと考えて安閑《あんかん》としていることができる。

＊　1986年に東京の杉並で実際に起きた、一家四人殺しがこの事例に該当する。すなわち29歳の男性が、まず口論した妻から「子供は実はあなたの子ではない」といわれ二人を殺害（未来への意義の喪失）、次に翌日、この犯行を父親に打ち明けたところ「実はおまえは俺たちの実の子ではない」と突き放され「父親」夫妻を殺害（過去からの根拠の喪失）。裁判所は彼を無期懲役としたが、死刑を望んでいたこの男に死刑判決をさずけないとは、本人にとって酷い話ではなかろうか。

さてここまでの議論において、私は重要な点に触れずにきた。それは、人が日常生活の範囲内で安心・有望でいられるのは、すべて相対的で有限な根拠づけ・意義づけに依っているにすぎない、ということである。「両親が明白」という例でいえば、では両親自身が孤児だったとしたらどうであろうか。しかもこの疑問は無限に遡らせることができる（Ⅳ冒頭の、生誕の偶然性を参照）。意義づけの方でいっても、例えば、親の生きがいであるわが子を親の希望の大学にまで進めることができたとしても、その後はどうであろうか。八年在籍したあげく結局中退に終わりはしないだろうか。ちゃんと卒業して希望の企業に就職できたとしても、会社の金に手を着けて世間の笑い者になりはしないだろうか。孫の代で家産が傾きはしないか。……かくしてこの種の心配にも際限がない。

つまり、根拠づけ（安心）・意義づけ（希望）ともに絶対的に（完全に）確保しようとすると、それぞれ無限後退ないし無限遡行に陥ってしまうのである。したがって厳密にいえば、なんらか限定された根拠づけ・意義づけで満足するのは、たといそれが一見絶対的なものに見えようとも、一つの〈はしょり〉であり欺瞞であり虚構である、ということになる*。

*『マタイによる福音書』冒頭の、アブラハムから始まってイエスの「父」ヨセフに至るまでの長い系図、また天皇の「万世一系」の系図、等は皆その存在の根拠づけ、すなわち過去からの絶対的な〈正当化〉を虚構によって〈はかろう〉(またしても！) としていることは明白である。

とすると、これまでは自分の現在の人生には根拠も意義も揃っていると思い込んでいたとしても、ここに至ってわれわれは茫然《ぼうぜん》とする他はないだろう。この、無限連鎖の崩壊感を前にして個々人はどうしたらよいであろうか。——このとき一つの有力な手立てとして、個人を越えた人類全体の根拠と意義の〈正当性〉にすがろうとする道が考えられるのである。

というわけで、遠い回り道をしてきたが、ようやく人類全体に関してこの根拠と意義とを反省する地点に辿りついた。改めて確認すれば、はたして人類の生存の意味・正当性は**アイウエ**のうちどの組合せであるか、というのがここでの問題である。私はもはや寄り道をせず、直線的に絶対的な根拠づけ・絶対的な意義づけの有無を検討してみたい。だが人類の過去の歴史についての人類学的・歴史学的知見や各種の社会科学的な未来予測に依拠して考えようとしても、無数の角度からの相対的な議論しか得られないだろうから、絶対的な結論がもし有りうるとしたら、自然科学的な知見から導くほかはないであろう。

ところで前章の末尾で小括として得たテーゼは、宇宙において人間とは《いても不思議ではないが、いなくても構わない存在》である、というものであった (p.53)。これを本章に引きつけていうとすれば、人類の誕生と生存には過去からの根拠づけはない、それもいっさい絶対的にない、ということである。すると、人類については上記の**ア**（および**ウ**）の組合せは始めからありえないことになる。残るは**イ**か**エ**であるが、ここで人類は孤児の場合と同様、「過去からの根拠がないのなら、せめて未来に向かって意義はあってほしい」と願わずにはいられない（すなわち、**イ**の組合せ）。そこで人類の絶対的な未来を自然科学の観点から展望してみよう。果たしてそこには希望が見いだせるであろうか。

人類がこの先、英知を傾けて世界の恒久平和を実現し、核エネルギーの安全な制御に成功し、高度な技術的文明を維持しつつ豊かな精神的文化を築いていくとしよう。当然その間に様々な病気の予防や治療にも成功し、オゾンホールも解消させ、地震の予知と対策も確立し、地球の温暖化の問題も解決する、等々の必要がある。社会問題でいえば、民族・宗教対立、南北問題、人口問題、経済的貧困も解消しておかねばならない。

だが、あの（平均して）3000万年に一回の周期で地球に命中するという直径10㎞程度の小惑星はどうなるのであろうか。あと数百万年の間にこれが現実となった場合には（前回ははるか6500万年前であった）、人類の存続は大困難に陥るであろう。とはいえ、それまでに衝突を何とか未然に防ぐ手段を考案する可能性はある（実際、科学者はこの課題に着手しはじめた）。

話の桁が飛ぶが、自然科学者の予測によれば、十億年後には地球の海が干上がって、地球全体が砂漠化する*。するとそこは生物の住めない死の世界になるだろう（火星がこれか）。しかしこれも科学の力で何とか阻止できたとしよう。

＊「東京新聞」1999.8.23夕刊。

だがその先に、ほとんど突破できそうもない壁として、太陽の膨張が控えている。太陽はあと数十億年で寿命が尽きて星の主系列から離れはじめ、冷たくなりながらまず大きく膨張し（赤色巨星)、ついで小さく凋《しぼ》んで一つの鉄塊と化す（白色矮《わい》星)。その膨張のさい地球の軌道を優に包み込んでしまうが、太陽としては冷たくなりつつある途中であるとはいえ、地球上の生命にとっては絶望的な高温に包まれることになる（2000～3000K)。このときまで人類文明が生き延びていたとして（この仮定自体がかなり楽天的な気もするが)、ここがほとんど人類の寿命の尽きる地点となろう*。もしこの危機を突破するとしたら宇宙船による他の天体への脱出しか方法がないであろう（ないし人工天体の建設)。それは（『新約聖書』にある喩《たと》えを使うとすれば）らくだが針穴を通りぬけるよりも難しいことと思われるが**、これまた可能性としては否定できない。

* Ⅰで触れたが、物理学者たちが高等技術文明のうち百に一つの長寿のものでも、その寿命は十億年の桁に収まるであろうと推測する根拠は、ここにある。

** 『マタイによる福音書』第19章第24節。

さてこのように考えを進めていくと、最後の壁に突き当たる。それは、この宇宙の究極の末路である。この宇宙が閉じていようと（最後はビッグ・クラッシュ)、開いていようと（永遠に膨張、すべての天体が核融合などのエネルギー備給を終えて死に果てる)、いずれにせよこれが人類生存の絶対的な限界であることに間違いはない。つまり、それが千億年後のことであろうと一兆年後のことであろうと、そこから先の人類の永久的な存続は宇宙論からして絶対的に否定されるのである。これが類としての人間存在の絶対的な有限性である。

総括しよう。宇宙論の立場からすると、人類にとって過去からの絶対的な根拠づけは得られず、未来への絶対的な意義づけも得られない。すなわち、先の組合せでいえば最も悲惨な**エ**（無根拠＋無意義、不安＋絶望）が類としての人間の立場であった、というのが結論である。

本章を終えるにあたって、この結論を命題化しておこう。すなわち、人間は《宇宙の孤児であって（無根拠）、しかも誰にも看取られずに消えていく（無意義）存在》である、と。

VI 〈宇宙論的ニヒリズム〉

前章では、人間の存在をめぐる根拠と意義を宇宙論の立場から反省した。その結果、個人の水準ではほとんど稀な事例であるうえに、余りのおぞましさにそのような組合せを単に想定することすら不可能であるような、〈不安＋絶望〉ないし〈無根拠＋無意義〉という組合せが、種としての人類全体の置かれた立場であることが判明した。本章では改めて、この帰結の意味するところを検討しよう。

まず無根拠ということは、人類は過去の或る時点から（未来に向けての）目的ないし使命を持って誕生したわけではない、ということを意味する。つまり、無根拠とは無目的性・無使命性を含意しているといえよう。では第二に、人間の存在が無意義であるとはどういうことなのであろうか。それは、人類は未来においていかなる報酬も期待できない、ということである。何の報いも救済もないままに、人類はいつか必ず滅びるのである*。つまり、無意義とは無償性・無救済性を意味しているといえる。ここから人間の生存の意味に関する第三の命題を導くことができる。すなわち、人間は《何をするのも許されているが、何をやっても無駄な存在》である、と。

* しかも人類の死滅のあとに、人類がかつてどこそこにいつからいつ

まで生存していてどのような文明を築き得ていたかというような情報ないし伝言を、（しばらくの間は可能であるとしても）この宇宙に永遠に残していくことは不可能なのだ。

総じてⅣ以降私は、それ以前の三つの章における天文学、生物学、人類学からの知見をふまえて、種としての人類の存在の意味を反省してきた。ここで、われわれが得た三つの命題を再確認してみよう。第一に、人間とは《いても不思議ではないが、いなくても構わない存在》であった。第二に、人間は《宇宙の孤児であって、しかも誰にも看取られずに消えていく存在》であった。そして第三に、人間は《何をするのも許されているが、何をやっても無駄な存在》であった。

肝心な点は、この人類全体についていうことのできる真理は、当然一人一人の人間に対しても結局は当てはまる、ということである。人類の立場と個人の人生とはこのような論理的な包摂関係にあるからこそ、これら三つの命題が「人生は生きるに値するか」という根本問題への手がかりとなってくれるのである。だから、① たとい個人としては〈安心＋希望〉の組合せで人生を送っている（つもりの）多くの人々にとっても、究極的にはその〈安心〉は類としての無根拠のなかに沈みこんでしまい、その〈希望〉は類としての無意義へと消えてしまう。② そもそも①のような個々人の〈安心＋希望〉は、相対的でしかない根拠づけもしくは意義づけを、絶対的なものと見なす欺瞞にすぎなかった*のだが(p.63)、この窮地を救ってくれるかに期待された人類全体の立場自体が、いま〈無根拠＋無意義〉の組合せであることが明らかとなった。

＊　この点については p.99 以下および本書第二部 I § 3、参照。

結局以上のことを個人の立場から総括していい表わせば、《人はそれぞれ根拠なく生まれ、意義なく死んでいく》のである。「人生は生きるに値しない」、これがわれわれの結論である*。

* この真理を文学的に最も味わい深く表現したのがシェイクスピアである。「明日、また明日、また明日と、〈時〉は／小きざみな足どりで一日一日を歩み、／ついには歴史の最後の一瞬に辿りつく、／昨日という日はすべて愚かな人間が塵《ちり》と化す／死への道を照らしてきた。消えろ、消えろ、／つかの間の燈火《ともしび》！　人生は歩きまわる影法師、／あわれな役者だ、舞台の上でおおげさに見栄を切っても／出場《でば》が終われば消えてしまう。白痴のしゃべる／物語だ、わめき立てる響きと怒りはすさまじいが、／意味は何一つありはしない」(『マクベス』第五幕第五場、小田島雄志訳、白水社、／は行かえを示す。傍点は渋谷、以下同様)。これはこの戯曲の主人公たる「極悪人」のマクベスの台詞であるから「善良」なるわれわれには縁のないたわごとだ、という人がいるかもしれない。だがそういう当人も含めて、人間は大なり小なりマクベスなのであるから、ここで述べられている彼の感慨はそのままわれわれのものとして味わうべきであろう（『マクベス』についてはVIIで再び触れる）。

この帰結は明らかにニヒリズムである。というのは、周知のようにニヒリズム nihilism という言葉の原義は、〈無（ニヒル nihil〔羅〕）の思想 ism〉であるからだ。ところで、ニヒリズムにも色々な種類が考えられるが*、われわれが到達したそれは、人間がこの宇宙に誕生し生存しそして死滅することの意味ないし価値をめぐってのニヒリズムなのであるから、価値ニヒリズムに属するであろう。ところでこの帰結は主に宇宙論から得たのであった。そこで私はこれを〈宇宙論的価値ニヒリズム〉ないし単に〈宇宙論的ニヒリズム〉と命名しようと思う。

* 存在ニヒリズム、認識（真理）ニヒリズム、自由ニヒリズム、価値ニヒリズム、神（救済）ニヒリズム、歴史（進歩）ニヒリズム、等。さ

らには時間ニヒリズム、〈私〉ニヒリズム、〈他者〉ニヒリズム（独我論）、等も考えることができる。

直前で確認したように、ニヒリズムは無（nothing）の思想であるから、これをゼロの思想といい換えてもよい。そこで、このゼロをめぐってしばらく考えてみよう。まず、日常生活においては何事も大抵は$+\alpha$（プラス・アルファ）か$-\beta$（マイナス・ベータ）であって、± 0（プラス・マイナス・ゼロ）ということは少ない。例えば、努力すれば成績が上がり（$+\alpha$）、怠ければ成績は下がる（$-\beta$）。また、郵便局に貯金すれば利息が付くし（$+\alpha$）、借金すれば利子を取られる（$-\beta$）。さて仮にここに〈± 0のニヒリズム〉を導入して、いくら銀行に預金しても利息が付かず、いくら借金しても利子を取られない（$+\alpha$もなく$-\beta$もない）としたら、確かに奇妙な事態になるだろう。だがその場合でも、預けた元金、借りた金額は元のまま残るのであって、いずれはそっくり引き出すことが出来るし、もしくは全額返さねばならないという事情に変わりはない。つまり、この仮定は根本的には〈ゼロ・無〉ではないのだ。われわれのニヒリズムはこれではない。いい換えれば、人生の元金は（プラスであれマイナスであれ）あくまで残る、というのではない。

では、〈宇宙論的ニヒリズム〉はいかなる意味でゼロの思想であるのか。確かに個々の人生にしても（それが幸せであれ不幸であれ、善良な一生であれ邪悪な生涯であれ）、また人類全体の生存にしても、いっとき何物か something であるとはいえるだろう（これをＬとする）。だが、それも無 nothing から生じ無へと帰す、というのがここまでの行論の帰結であった。この、「いっとき何物かであったものが、結局は無に帰す」という事態を数学

的に書き表わすとすれば、

L × 0 ＝ 0

となるであろう。つまり、われわれのゼロの思想は、何物にも最後にゼロを掛けるという思想、すなわち〈掛けるゼロ〉のニヒリズムである。

このニヒリズムが恐ろしいのは、この場合掛けられるもの（L）が何であれ、結局みんなゼロになるのだからどのみち同じである、という点にある。つまり、掛けられるもの（A氏の人生とB氏の人生、あるいは或る型の社会〔例えば民主主義社会〕と別の型の社会〔例えばファッシズムの社会〕、等々）の相違は究極的にはまったく問題にならない、ということである。だから優劣を差異づけることが無駄であるだけでなく、それらにプラスとマイナスの区別をつけること（善悪の対比）自体にも意味はない、ということになる。一生を平社員で過ごした人の人生も、社長まで出世した人の人生も（この比較は優劣の例）結局はゼロとなって同じであるし、人類の幸福に貢献した人（例えばノーベル平和賞受賞者）の人生の価値も、人を千人虐殺した極悪犯人の人生の価値も（この対照は善悪の例）結局はゼロなのだから同じなのだ。なにしろ《何をやるのも許されているが、何をやっても無駄》というのが〈宇宙論的ニヒリズム〉からの論理的帰結だったからである。

これまでの議論の進め方にどこか落し穴がなかったかどうかをわれわれは今後何度となく点検しなければならないが、基本的な骨格については信用することとして、ここに得られた〈宇宙論的ニヒリズム〉をあくまでまじめに凝視《ぎょうし》したい。とはいえはたして、この結論にわれわれは耐えきれるだろうか。どこまで耐えていられるであろうか。むしろ大抵の人間は、この帰結をいったん垣間見たとしても、これを拒み否定しようとするのではなかろうか。過去の様々な偉大な思想は、確かにそれが偉大であればあるほど、この(私の言葉でいえば)〈宇宙論的価値ニヒリズム〉を知らなかった、あるいは少なくとも予感しなかった、ということはありえないように思われる。ところがそのうちの大概のものは、結局はこうしたニヒリズムを回避しようと苦心しているように見える。

まさにこのことを若きニーチェは『悲劇の誕生』(1872) において、古代ギリシアの悲劇や文化、およびその底に流れていた古代ギリシア人たちの人間観・世界観を取り上げつつ抉《えぐ》りだしたのである。すなわち、最初はディオニュソス的原理とアポロン的原理の緊張した統一(前者を実質的なエネルギー源としつつそれに後者の優美な形式を被《かぶ》せる)から出発したギリシア悲劇が、結局はほどなく、前者の枯渇ないし切り捨てを通してひたすら夢と幻想のアポロン的原理へと卑小化した、というのがニーチェの論旨であった。ここでいうディオニュソス的原理とはノモス(規範)に対立するピュシス(自然)の立場をいい表わすが、われわれの議論に引きつけていえば、この原理こそ〈宇宙論的ニヒリズム〉を根底に孕んだ思想であった*。するとニーチェによれば、古代ギリシア人たちは確かに根本的な価値ニヒリズムをいったんは垣間見たのだが、その帰結に恐れおののいて、自らが紡《つむ》ぎだした幻想へと逃避したわけである。この精神的態度・文化の傾向がその後のヨーロッパを、キリスト教精神とソクラテス的知性主義の二つの伝統となって支配してきたのだという。ニーチェは西洋に通底するこの欺瞞的な精神的伝統を潔《いさぎよ》しとせず、前者の原理の復権を目指して結局は〈超人思想〉へと至ったのであった。——われわれは必ずしもこのニーチェの立場と全面的に一致するわけではないが、以上に略述した範囲では同感できるであろう**。

＊　ニーチェは、ディオニュソスの従者にして賢者シレノスの言葉として、次のように引用している。「哀れ蜻蛉《とんぼ》の生を享けし輩《やか》らよ、偶然と艱苦《かんく》の子らよ、……汝にとって最善のことは、とても叶《かな》うまじきこと、すなわち生まれなかったこと、存在せぬこと、無たることだ。しかし汝にとって次善のことは、――まもなく死ぬことだ」(塩屋竹男訳、理想社、p.35)。だから、生まれたことが最悪であり、このあと生き延びることもそれに続く悪だ、とニーチェはいいたいのだ。

＊＊　このニーチェの断罪を受けて（さらにはフロイトとマルクスの仕事を加味しつつ)、パパ、ママ、僕の〈オイディプス三角形〉が表象、シニフィアン、「劇場」として歴史的に形成されてくる必然性とその欺瞞性を剔抉《てっけつ》したのが、ドゥルーズ／ガタリの共著『アンチ・オイディプス』である（市倉宏祐訳、河出書房新社)。

そのニーチェが晩年次のようにいうとき、それはちょうどわれわれが現在の地点で自らにいいきかせたいと思っていることを直截《ちょくせつ》表現してくれている。すなわち、「われわれの説く真理に触れるだけで砕けるようなものは、みな砕けるがよい――まだ建てるべき家があるのだ」、と*。ではわれわれの真理に触れるだけで砕けるものとは何か。どんな思想、態度、立場がこれに当たるのであろうか。また、これから建てるべき家とはどのようなものであろうか。はたしてそのような家が建つ展望はあるのだろうか。――かくしてわれわれはこのあと、〈宇宙論的ニヒリズム〉を眼前にして採りうる可能な態度、実際に見られる態度をさまざまに検討していかなければならない。

＊『ツァラトゥストラはこう語った』第二部「自己超克」、手塚富雄訳、中央公論社、p.192。

Ⅶ　さて、どう対処するか？

前章で到達した〈宇宙論的ニヒリズム〉は、別の表現をすれば〈ゼロの思想〉であった。それも、〈掛けるゼロ〉の思想であった。その意味するところは、人類は《何をするのも許されているが、何をやっても無駄な存在》であり、個々人の人生についていえば《人はそれぞれ根拠なく生まれ、意義なく死んでいく》ということであった。

では、人間の人間らしさはどうなってしまうのか、人間はどうしたらいいのか、という心配を抱く人が大多数であろう。この〈宇宙論的ニヒリズム〉という滔々《とうとう》とした大河を前にして、立ちすくむか、後退《あとずさ》りするか、それとも敢然と渉《わた》り切るか。——

前章でも述べたが、古来人間の生き方の種々の類型は、このニヒリズムに対するなんらかの態度決定となっている、と見ることができる。もちろん近代自然科学を知りようのなかった人々が、われわれが確認してきたような自然科学的な議論を辿って〈宇宙論的ニヒリズム〉に到達したということはありえない。とはいえ、古代のエジプトや東洋において巡《めぐ》らされた宇宙と森羅万象《しんらばんしょう》についての思索や、古代ギリシアの自然哲学を少しでも繙《ひもと》いてみると、鋭い直観と深い思索とによって、彼らもここでの〈宇宙論的ニヒリズム〉と同様の帰結を導き知っていたと思われる。すなわち、人生には究極的には意味がない、と。

　すると当然そののち今日に至るまで、たいがいの時代、社会、民族における人間たちは、人生の途上で多かれ少なかれ、明晰にであれ胸騒ぎ程度にであれ、突然にであれ徐々にであれ、この真理を感じ取ったと思われる。そのうえで彼らはその後の人生態度を選択し決定したであろう。たといそれがほとんど無自覚的・無意識的であったとしても、否かえってそうであるほど、それらの人生態度は一つ一つが〈宇宙論的ニヒリズム〉に対する典型的な態度表明として把握し了解することができるのである。以下まずそのような人生態度を、さまざまな類型に分類しながら検討していこう。そのあと最後に、私が新たに提唱する類型を構想してみよう。

　だがその前に、一点確認しておくべきことがある。それは、これから述べる諸類型のあいだには究極的には優劣の差（ましてや善悪の差）はいっさい存在しない、ということである。というのは、第一にそれらはすべて〈宇宙論的ニヒリズム〉という真理に直面しての真摯《しんし》な選択肢として平等であるからであり、第二に結局はどの選択肢を取ろうとも、人生は無、という結論が変わろうはずはないからである（Ⅵ、p.71、参照）。とはいえ、それぞれに感想めいた評価を施《ほどこ》す程度のことは許されるであろう。

A　反「良俗（ノモス）」的反抗

　第一に分類されるのは、〈宇宙論的ニヒリズム〉の帰結を拠《よ》り所として、以後の人生において社会的な規範・道徳（ノモス）をかなぐり捨てる態度である。これはさらに三つに区分される。

ア　世をすねる

まず、人間がなす世の中のすべての営みが無意味であることに気づくと、これまでどおり社会的秩序を守るのに汲々としながら堅苦しく生きていくことが馬鹿馬鹿しくなってくるであろう。きっかけは色々あるだろう。例えば、中学校の教師をしていて教頭試験に落ちつづけ、ついに自分より若い教員に追い抜かれたとき、とか。このとき彼／彼女は一つの悟りを得たのである*。教頭、校長、市の教育長、さらには……と「栄進」したとてそれが何だというのか、と。それは初め、自分を追い抜いていった後輩に対するやっかみにすぎなかったとしても、次第にこの呪詛《じゅそ》のつぶやきが自分自身の人生にも深く妥当すると気づかれてくるところから、〈宇宙論的ニヒリズム〉の真理は彼／彼女のものとなる。それが自他の人生一般に普遍化されるからである。

＊　というのは、彼／彼女はこのとき俗にいう〈あきらめた〉わけであるが、〈諦《あきら》め〉とは「言」偏に「帝」の字からなっていることからわかるとおり、人知が及ぶ最高の真理を意味するからである。ヤマト言葉からしてもこの言葉は、〈明らめる〉つまり（真理を）〈明らかに知り通す〉が原義であるという。

この種の人生類型の事例は他にも色々と挙げることができるであろう。会社や官庁の出世競争に破れた中年の窓際族、野心的な研究の夢が潰《つい》えた老年の研究者、社会から一顧《いっこ》だにされない芸術家、異性と思うように巡り合えなかった男または女、等々。彼ら／彼女らは表面的には一応従来どおり社会の秩序の枠内に収まっているかのように振る舞いつづけるであろうが、世のすべての人間の業《わざ》が意味のないものであることをすでに見抜いているので（諸行無常）、その態度はいわゆるニヒルで（虚無的で）シニカルな（皮肉っぽい）ものとなり、斜に構えたものとなる（例えば、選挙にはいっさい行かない、慈善事業にはいっさい協力しない、など個人主義に徹するとかして、変人奇人、天邪鬼《あまのじゃく》、気難しい〈いじわるばあさん／じいさん〉という風評にも開き直る、とか）。

すると鴨長明のような「隠遁《いんとん》」の仕方も、ここに分類することが許されるであろう。彼は周知のように、晩年出家したうえで方丈（1.8 m四方）の庵《いおり》に一人「閑居《かんきょ》」したわけであるが、それはそれまでの数々の人生上の挫折の果ての選択であったという。しかもその場所は、京都から歩いて半日しかない日野の里であったから、けっして世間から完全に身を隠したとはいえないからである。名文で知られる『方丈記』からも、当時の貴族・武家社会に対する彼のシニカルな視線を感じとることができる*。

＊　堀田善衛『方丈記私記』ちくま文庫、参照。

また、ヨーロッパにおける十九世紀末から第一次世界大戦後にかけてのデカダンス（退廃）の思潮もこの類型に組み入れることができよう。それは、ちょうど近代市民社会が一つの頂点に達して（時あたかも人類史上初めての世界戦争の前後）、この種の生き方が歴史的社会的な潮流となって、強固な時代思潮として吹き出したと見える。ボードレールの『悪の華』、オスカー・ワイルドの『サロメ』、ラディゲの『肉体の悪魔』、音楽でいえばグスタフ・マーラーあるいはリヒャルト・シュトラウスの作品と、どれをとっても響いてくるのは反道徳的な叫び（背徳主義）と退廃的な虚無感である*。それらは総じて、人生には意味はない、と訴えているかのようである。日本でいえば、太宰治、坂口安吾らのデカダンス文学がこれに当たるだろう。

＊「生は暗く、死もまた暗い」（G. マーラー作曲、歌つき交響曲『大地の歌』

第一楽章)。

これらの例とは異なって、〈宇宙論的ニヒリズム〉に対処する確たる人生態度というのではないけれども、思春期・青年期に特有な社会に対する反抗的態度もこの類型と類縁である。というのは、彼らの態度は親や教師や政治家をはじめとする世間の表向きの秩序・ノモスがいかに偽善に満ちたものであり、裏に回ればいかに腐り切ったものであるかを知ったところから生まれるものだからである。虚偽を真理といいくるめることの欺瞞*は、無意味な人生に意味があるかのようにいい繕《つくろ》う世間一般の通俗哲学と同値であるから、先の諸例と青年の自暴自棄とは相通じるのである。

＊ その最たる好例が憲法第九条である。日本語の読み方としてあそこから自衛隊の存在が正当化されるわけがない。かくして日本人は中学生にして社会の欺瞞性を「学校で教えてもらう」のである。

では総じてこの類型の人生態度にはどういう特徴を指摘することができるであろうか。彼ら／彼女らの到達した境地は、(辿った道は異なるとはいえ) われわれの〈宇宙論的ニヒリズム〉の帰結と同じであった (無の直視)。とはいえ、彼ら／彼女らはこの人生態度を選ぶ直前までは、人生には意味がある、と強固に信じきってつゆこれを疑っていなかった、という事情がある (少年期までの暖かい家庭環境、やりがいを感じていたスリリングな出世競争ゲーム、近代文明の無限の発展と生活向上への期待)。それが (突然にか徐々にか) 破れたのである。その直接的な反動がこの態度となって結果したにすぎない、といってはこの態度を選ぶ人々に対して苛酷《かこく》であろうか。さらにいえば、だから真理の自覚という観点からすれば、生まれたてのほやほやであって、未だ成熟した態度とはいえない。これが第一の特徴である。

その自覚が実の人生において（幸い）青年期であった場合、彼／彼女は自ずと次の局面を迎えるであろう、多くの元〈怒れる若者〉や元〈暴走族〉や元〈全学連の闘士〉が辿った軌跡が示すように。反対に、それが人生の黄昏《たそがれ》期であった場合、もはや軌道修正は難しい。人類史的観点からいうと、十九世紀から二十世紀にかけてのデカダンスのあとに、われわれには二十一世紀から未来に向かって成熟期が待っているのか、それとも人類はすでに黄昏ているのであろうか（どのみち、個人であれ類としてであれ、究極的にはゼロに帰すという点で同じことである、という点はここでは措《お》く）。

第二に、社会の規範に反抗し否定する態度が徹底的でない、という特徴がある。まだ未練があるのだ。未練をきっぱりと断ち切ったというのであるならば、わざわざ『方丈記』を美文調に仕上げて回し読みに付すはずがない。ボードレールたちにしても同断である。終生暴走族で通す輩を私は知らない。窓際族になっても会社（と家族）から去らないではないか（このあとの**Cイ**「脱世」と対照せよ）。

第三に、この類型の人生態度は、消極的であり後向きである（次の**イウ**と対照せよ）。

——ここで私は、それではまだ中途半端だ、といおうとしているのではない。これも〈宇宙論的ニヒリズム〉に対する一つの対処の仕方であることに変わりはない。ただいえることは、この態度以外にもまだまだ他の選択肢がありうるであろう、ということである。そこで次に移ろう。

イ　悪魔主義

では、もし〈人生は無〉の思想に立脚して既存の社会秩序（ノモス）を積極的・徹底的に否定するとしたら、どのような人生態度となるであろうか。それは一言でいい表わせば、悪魔主義であろう。

ここでいう悪魔主義とは、「よいことはよい、悪いことは悪い」とする社会規範（ノモス）を引っ繰りかえして、社会や人々が「よい」とすることの成就を邪魔し、社会や人々が「悪い」とすることの実現を自覚的に謀《はか》る態度をいう。古来、悪魔とはそういう存在であるとされてきたからである。この類型には、テロリズム、破壊主義、さらには殺人狂からファッシズム（個人であれ集団であれ一民族全体であれ）までが妥当するであろう。

シェイクスピアの戯曲『マクベス』の主人公マクベスは、主君のダンカン王を暗殺して王位を簒奪《さんだつ》し、その後も邪魔な有力貴族を次々と消していく。象徴的なことに、彼のこの「非道」な所業は魔女たちのそそのかしに端を発している。魔女は悪魔の手先であるから（そういうことになっているから）、まさしくマクベスの振る舞いは悪魔主義の典型といってよい。他面彼が最後に到達した人生観は、「人生は歩きまわる影法師、……意味はなに一つありはしない」というものであった*（前章、p.69 注、参照）。

＊　拙著『シェイクスピアの人間哲学』花伝社、第一章、第二章、参照。

この戯曲を批評してポーランドの文芸批評家ヤン・コットは、次のようにいう。まず「彼〔マクベス〕は人は殺せるばかりではない、殺さねばならぬものでもあることを悟るのである」。さらに「今や彼は悟った――最後の殺人などはありえないことを」。すると「彼が死ぬ前にできることはただ一つ、生きている人間をできるだけ多く、無の世界へ道づれにすることだけである。……マクベスには世界を爆破することはできない。だが最後まで殺しつづけることはできるのである」*。ヤン・コットは第二次世界大戦末期、ドイツ軍の占領下のワルシャワでこの文章を書いていたという。このとき彼の脳裏には、この戯曲の主人公マクベスだけでなく、眼前に展開する世界歴史の「主人公」ヒトラーとスターリンの二人が思い浮かんでいたであろうことは確実である。マクベスとヒトラーとスターリンとは悪魔主義という点で重なるのだ。「生きている人間をできるだけ多く」「最後まで殺しつづけること」**。けっしてこのタイプの人生態度は、机上の、あるいはフィクションの中だけのものではないのである。

＊　ヤン・コット『シェイクスピアはわれらの同時代人』蜂谷昭雄・喜志哲雄訳、白水社、p.94、p.98、p.100、参照。

＊＊　謡曲（能）の『黒塚』は、もと京の都で艶《つや》やかな恋を数多く味わった女官が、東北の山中に落ちぶれて鬼女となり（日本では鬼＝悪魔であることに注意）、通りすぎる旅人を招き泊めては夜中にかたはしから食い殺す話である。彼女にすればそれは「善行」だったはずだ。何の意味もないこの世から、あの世へと早手回しに送ってあげていたのであるから。

これがフィクションに限られないことの証拠となる歴史上の事実を、二つ挙げよう。まずシャルル・ペローのおぞましい童話『青髯《あおひげ》』のモデルとなったフランスの名門貴族ジル・ド・レ侯爵(1404–1440）は、ジャンヌ・ダルクの右腕として対英戦争で活躍し、二十五歳の若さでフランス陸軍元帥に栄進した男であったが、そのご性的倒錯から二百余人の幼児を虐殺していたことが判明して処刑された。他方女性では、十六世紀末のハンガリーの伯爵夫人エリザベート・バトリーを挙げることができる。彼女は美貌を保つため、一回につき四〜九人分の若い娘の血を浴槽に集めて沐浴《もくよく》していたという。犠牲者は全部で六百人以上に上った。この二人は現在では精神異常者と判定されているが、それだけを理由に彼らの所業をわれわれの考察から外してよいということにはならないだろう。

思うに、先述のファッシズムだけでなく、歴史上のあらゆる革命、反乱、暴動、一揆、打ち壊しにおいても、この悪魔主義の要素が（指導者および加担者ともに）無縁だったとはいえまい。社会がこれまでの暴虐を正当化する以上、そんな社会秩序はひっくりかえしてしまえ（「あとは野となれ山となれ」）、という情念が大なり小なり支えとなっていたはずだからである。それは他面での「健康な」怒り、「正義」感、さらには革命の「科学性」といったものとけっして矛盾するものではない。だから例えば、ロシア革命においても中国革命においても、なんらかの程度このような悪魔主義が伏在していたはずである*。

＊　一例として、キューバ革命においてカストロの右腕として活躍し、革命成功後ボリビアのゲリラ戦の指揮へと転じて戦死したチェ・ゲバラが思い浮かぶ。チェ・ゲバラ『革命戦争の旅』神代修訳、青木書店、参照。

これとは別に古来から今に至るまで、戦争とは殺人、掠奪、強姦、放火、破壊を意味した（し、これからもずっとそうでありつづけるであろう）。それが生物としてのホモ・サピエンスという種に特有な行動かどうか（Ⅲのホモ・デメンス論）にはここでは触れないとして、こうした事実には次の事情も絡《から》んでいるのではないか。つまり、人間がこの世に生きることの根本的な無意味さを一番如実に実感するのは、他ならない戦争に狩りだされた当の下級兵士たちだ、と。その彼らが勝利の狂喜のなかで（ともかく今回は生き延びられた！)、あるいは敗残のどさくさに紛れて（あとは死ぬばかりだ）なす行為が悪魔主義となるのは必然ではないだろうか（すべてが破壊され尽されればよい)*。歴史上の事例としては、一五二七年のローマ劫略《ごうりゃく》、現代史としての日本軍による南京虐殺等、数えていけばきりがないであろう。そもそもイラク、パレスチナなどでは現在進行形なのだ**。

*　本書第三部II、p.218-219、参照。

**　映像としては、ディヴィッド・リーン監督の映画『アラビアのローレンス』(1963) に描かれているタファスの虐殺（1918年に実際にあった）の場面が好例である。

この類型の特徴としては二つ指摘できるだろう。まず第一に、能動的、積極的である。既存のノモスを行動を通して実際に否定する、それも徹底的に。

反面第二に、既存の秩序、生き方の端的な否定とは、まだ否定しようとする対象にこだわっていることを意味する。このこだわりは確かに、**ア**で論じた「世をすねる」態度の未練としてのこだわりとは正反対である。だが、否定の相手から自由になっていない（否定しようとする相手に束縛されたままである)、という点では**ア**と同じなのである（この場合俗にいう「アンチ巨人も巨人ファンのうち」ということ)。

この点を捉えて私としては、最後に一点だけ次のような批評を述べようと思う。すなわちこの類型は、否定にこだわること自体が無意味である（なぜならそもそも否定の対象が究極的には無であるから)、という境地にまでは未だ至っていない、と。

ウ　刹那主義

さて、「人生は無」という確信から出発して社会規範に反抗する第三の態度は、刹那《せつな》主義である。これは眼前の即時（瞬間）的にして即事（即物）的な快楽に生きる、という類型であって、享楽主義・快楽主義と呼んでもよい。

この類型の人生態度と〈宇宙論的ニヒリズム〉との思想的連関は、前二者のときほど単純ではない。まずこの態度はこの世のちまちました日常的な営為のいっさいを無意味なものとして棄て去る。だがどうしてそれらが無意味であるとされるかを〈宇宙論的ニヒリズム〉に照らしてもう一度反省してみると、現在の人間の営みを中心として過去と未来に向かって時間を双方向に無限に想定したからである（日常）。ならばその時間を現在の瞬間へと収斂《しゅうれん》させることによって（いわば時間の流れを無化することによって）、この瞬間だけは意味あるものとして救う（肯定する）ことができるだろう。だから瞬間的な快楽をのみ追求すればよいのだ。――だが翻《ひるがえ》って考えてみると、そのことは〈宇宙論的ニヒリズム〉そのものの無化をも意味してはいないだろうか。瞬間のみを考えていれば、人生は無意味だといわずに済むはずだから。――つまり刹那主義は、社会の「正常な」規範の無視と、〈宇宙論的ニヒリズム〉の無化とのいわば両面作戦なのである。

では瞬間に享楽される快の内容としては、何が選択されるであろうか。セックス、味覚、スピード、スポーツや踊りなどの身体感覚、音への陶酔、麻薬、等多くの候補が挙げられるが、これらは総じて直《じか》に感覚的なものである。他方、高等数学の難しい問題を解くことができた瞬間にのみ人生の充実を覚え、他のいっさいを無意味なものとして否定する、といった知性派の刹那主義も考えられないことはない。だがこういった場合も、解いた瞬間の快感を満喫し味わっていることに変わりはないであろうから、やはり広い意味で感覚的な刹那主義として括《くく》っていいだろう。

とはいえ、感覚的なものを刹那的に享楽するといっても、この態度を生涯貫くことはけっして容易ではない。上記したように、この態度の含みもつ哲学が（表面的な判断を裏切って）深く複雑である分､相当の覚悟と根性がいるのである｡そのことをモーツァルトの歌劇『ドン・ジョヴァンニ』(1787) を例にとって検討してみよう。

このオペラは周知のように､ヨーロッパ各地に拡まっていた｢ドン・ファン伝説」に材をとっている。ドン・ファンの原型となったのは、十四世紀のスペインに実在した或る貴族だという。彼は超人的な好色漢だったとされている。

まず、ドン・ジョヴァンニ（ドン・ファンのイタリア語読み）がいかに並はずれた女たらしであるかを、少々長くなるがオペラの歌詞によって確かめておこう（台本はダ・ポンテ)。ドン・ジョヴァンニの従者レポレロは、彼の主人に玩《もてあそ》ばれた末に棄てられた女に向かって次のように歌う。「ああ、落ち着いて下さい。／あんたは最初の女でも、最後の女でもないし、／なかったし、またないでしょうよ。ご覧なさい、／この薄っぺらとはいえぬカタログには、／あの方の女たちの名前がいっぱい詰っていますよ。／どの町、どの村、どの国も、／あの方の恋の冒険の証人なのです。／……イタリアでは六百四十人、／ドイツじゃ二百三十一人、／フランスで百人、トルコで九十一人、／だがスペインじゃもう千三百人。／そのなかにゃ田舎娘もいれば、／下女もいるし、都会の女もいる、／……王女さまもいるし、／……あらゆる姿かたち、あらゆる年齢のご婦人がおりますよ。／……冬にゃ太った女をおのぞみだし、／夏にゃやせた女をおのぞみです。／……年とった女たちを征服するのは、／数を増やす楽しみのためでさあ。／でもあの方がいちばん熱中するのは／若く初《うい》うい しい女の子……」*（第一幕第五場、レポレロのアリア「カタログの歌」）。

＊　A. チャンパイ／D. ホラント編『名作オペラブックス 21　モーツァルト　ドン・ジョヴァンニ』竹内ふみ子・他訳、音楽之友社、p.71–73（海老沢敏訳。訳文は少々変えた）。

大事な点は、ここに挙げられているものにした女性の数ではなく、別のところにある。それは、彼のこの振る舞いは、刹那主義、享楽主義の確信犯的な哲学に支えられている、という点である。その信念は、死（地獄）による脅迫に直面してもたじろがないほどである。その点を確かめておこう。

ドン・ジョヴァンニはオペラの冒頭、若い貴婦人を誑《たぶら》かそうとして（めずらしく）失敗し、逃走のどさくさのなかで彼女の父親の騎士長を殺害する。話が進んでオペラのやまで、その亡き騎士長の石像（亡霊）が夜中、歩いてドン・ジョヴァンニの館にやってくる（第二幕第十五場）。以下、両者のやりとりを再現してみよう。石像「ドン・ジョヴァンニ、お前と晩餐《ばんさん》をともにするよう、お前はわしを招いてくれたな、そこでわしはやってきた。」ドン・ジョヴァンニ「なにが望みだ。」「お前はわしと食事をしに〔地獄に〕くるのか？」「おれの決心ははっきりしている。ゆこう！」ここで二人は約束の印として握手する。だが石像の手はドン・ジョヴァンニの手を離そうとしない。石像「悔い改めるのだ、生活を変えるのだ。」「いやだ、おれは悔い改めはせぬ。」「悔い改めるのだ、悪党め！」「いやだ！」この問答を数回繰り返すうちに、そのままドン・ジョヴァンニは地獄の炎のなかへと引きずり込まれてしまう、彼の断末魔の叫び声をあとに残しながら（前掲書、p.167–171）。

——この結幕を見て多くの聴衆はいわゆる勧善懲悪の教訓を感じとることであろう。悪いことをすると最後には滅びるものであるし、そののち彼の犠牲者たちには幸せが回復するものだ、と（実際オペラはこのあとそのように進行する）。だが、「魂を引き裂」かれ「臓腑を破」られ、その「責苦《せめく》」の「狂おしさ」に呻吟しながらも、ドン・ジョヴァンニは最後まで己れの哲学とそれに基づく生活態度を「悔い改め」ようとはしなかった、という点に注目することもできるはずだ。彼は自分の選んだ刹那主義の信念に殉じたのである、と。私の解釈はこちらである*。

＊『ドン・ジョヴァンニ』の他の解釈については、キエルケゴール『あれかこれか』第一部、浅井真男訳『キルケゴール著作集１』白水社、およびE.ブロッホ『希望の原理』山下肇／他訳、白水社、第三巻、第五部四九、p.113以下、参照。

以上吟味してきて明らかなように、この「刹那主義」は、いわばアの「世をすねる」態度を能動的・積極的にしたような機微があり、したがって、デカダンスや背徳主義とも相当に親近的である。それだけにこの刹那主義は、〈宇宙論的ニヒリズム〉をバネとする諸類型のなかでも現実的な選択肢として最有力なものの一つである。実際、ドン・ファン的決意と生活を実践する者は、古来男女を問わず現実に多かったであろうし、現在も多いであろう*。他面でこの態度は、同時に〈宇宙論的ニヒリズム〉の無化を狙っていたという点でも注目される（この点では次に論じるBの「逃避としての信仰」の諸類型と通じる）。そこで最後に、この人生類型の哲学に含まれる問題点をきっちりと指摘しておくことが重要となる。

＊　古代ギリシアの快楽主義のキュレネ派（代表者アリスティッポス）、ボヘミアンと呼ばれる芸術家の卵たち、フィクションでは光源氏とその友人・類縁たち、井原西鶴の作品の主人公たち、等が挙げられよう。またサドの作品と人生、バタイユの思想もこの類型の代表として評価することができるだろう。

一言でいえば、刹那主義とは瞬間における快楽の感覚のみを実在的《リアル》なものとしてこれにのみ価値を認め、他は虚偽として退ける、というものであった。だが考えてみれば明らかであるが、快の感覚が成立するためにはやはり（いくら短くとも）一定の時の持続を必要とする。厳密な意味での瞬間には快は宿りえないのである。しかも、その「一定の時の持続」をできるだけ数多く繰り返す、というところに刹那主義の工夫と〈はかりごと〉(p.55 以下）があるのである。とすると、それが数多く繰り返された果てに、いずれ最後に、彼／彼女は落ちぶれて『黒塚』の鬼女の身となる他はないであろう（p.81 注、参照)。ドン・ジョヴァンニの地獄落ちは、そういう意味だったのである。

そのような末路は避けるべきだ、だから刹那主義自体も避けるべきだ、と説教する権利は誰にもない。私にいえることは、この選択肢を選ぶ場合、そこにはいま指摘したような論理的必然性が潜んでいること（それはやがて実在的必然性に転化する）をあらかじめ覚悟しておいてこそ本物であろう、ということだけである。そこまでいくともはや「刹那」主義の名にそぐわないかどうかは、また別の問題であろう。

B　逃避としての信仰

次に検討するのは、〈宇宙論的ニヒリズム〉の帰結にいったんは直面するのだが、結局その帰結の受容を拒否し、それを何か絶対的なものへの信仰を通して回避する態度である。私はこの範疇を〈宇宙論的ニヒリズム〉からの「逃避としての信仰」として一括するが、これはけっして軽蔑を込めた呼称ではない。真面目な逃避というものがありうるし、ましてや信仰はいつでも切実な選択なのだ。

これに属する類型としては、ヒューマニズムと宗教の二つがある。ということは、この「逃避としての信仰」という範疇が、〈宇宙論的ニヒリズム〉に対処する態度のなかでは、他の諸類型に比べて圧倒的にわれわれに馴染《なじ》み深い選択肢である、ということである。ヒューマニズムとはすべての中心に人間を置く思想である。これに対して、宗教とは人間の上に絶対的な存在者（通常は神）を置く思想である。このように或る意味では対照的な二つの思想が、〈宇宙論的ニヒリズム〉からの「逃避としての信仰」として一つに括《くく》られるとはどういうことであろうか。そもそも、ヒューマニズムが一つの信仰であるとはどういうことであろうか。

ア　ヒューマニズム

再説すれば、ヒューマニズムとはすべての価値の中心に（あるいは最上位に）人間を据える思想である。具体的な思想潮流としては、最も広範に行きわたっているリベラリズム（自由主義）による人道主義、マルクス主義ヒューマニズム、実存主義ヒューマニズムが挙げられるであろう。仏教ヒューマニズム、キリスト教ヒューマニズムなど、宗教的なヒューマニズムというものも語りえようが、ここでの考察ではヒューマニズムという言葉を非宗教的なそれに限定したい。というのは、宗教の場合いかにヒューマニズムを標榜《ひょうぼう》しようとも、価値の究極的な根拠は（宗教の定義上）人間を超えたものに置かれるからである*。

＊　その場合、宗教的なヒューマニズムとは、「人間を大事にする思想」の意となるだろう。

さて、何よりも人間の尊厳をものごとの中心において発想しようとするこのヒューマニズムに対しては、まともな精神の持ち主であれば露ほどの文句であってもつけるはずがないと、当のヒューマニストたちは自信にあふれて確信しているであろう。私としてもこれに文句をいうつもりは(他の諸類型に対してと同様)毛頭ないのであるが、ただ〈宇宙論的価値ニヒリズム〉との関連で、この型の人生態度の特質を明らかにしたいのである。

問題は、すべての価値の中心ないし最上位に人間を据えるという場合、その根拠はどこにあるか、それははたして絶対といえるか、ということである。この二つの問題を念頭に置きつつ、まずはじめに〈宇宙論的ニヒリズム〉に直面する以前に抱かれる素朴なヒューマニズムを簡単に振り返ってみたい。そのあとで、〈宇宙論的ニヒリズム〉に対処する仕方としての自覚的なヒューマニズムの存立の条件を検討しよう。

素朴なヒューマニズムは生身の人間の生活実感を基盤として形成される。喜怒哀楽の感情、幸福感、自己実現の充実感、他者との連帯感や愛によるきずな、を何よりも尊びながら。その限りでこの態度は、人間の精神生活だけでなく、肉体としての人間を承認する。正直なところ肉体が滅べば精神も滅ぶと思っている人が(特に日本人には）多いはずだ。また若い人々がこうした素朴なヒューマニズムから出発して人生観を築きはじめることはきわめて好もしいことであり自然なことでもある。

では、なぜ生身の生活実感から人間中心主義が形成されるのか。それは（聞くも愚か)、われわれ自身が人間であるからである！——この素朴な「根拠づけ」は真に迫った実感として聞く者の腑《ふ》に落ちる。特に人間性が蔑《ないがし》ろにされている抑圧的な社会・疎外の時代のなかに生きる人々にとってはそうである（現代も依然として然り)。

だが、この「根拠づけ」がまったく脆《もろ》いものであることは、少し考えてみれば明らかである。この論理は人間を世界のあらゆる価値の中心に置くことの論拠に全然なっていないのだ*。例えば同様にして、アメーバはアメーバ中心主義を、犬は犬中心主義を貫くだろう（これらに「哲学」を営む能力が備わっていれば、の話であるが)。つまり人間は進化の産物として偶々反省的な意識をもったので、必然的に人間中心主義（という考え）を抱く、というにすぎない。

*　女流実存主義者のボーヴォワールは次のようにいう。「……初めわれわれが天空〔神〕に求めていたあの絶対的な目的を、われわれは人間〔ユマニテ〕そのものの中に見出すことができるのではないでしょうか？……ユマニテは消滅するであろうなどとわれわれが断言するのを、何ものといえども許しません。人おのおのは死にますが、ユマニテは死ぬべきものではないことをわれわれは知っています」（「ピリュウスとシネアス」青柳瑞穂訳、『ボーヴォワール著作集２　人生について』人文書院、p.35–36)。自らの論拠に無批判的な素朴ヒューマニズムの典型例である。

とはいえ、このヒューマニズムは、われわれが人間であるという事実、そして人間は生物の一員であるという事実から出発している。とすれば彼ら／彼女らは、地球上の生物進化史の事実、この宇宙の形成史の事実を(過去と未来とへ)辿っていくことによって、われわれのこれまでの（ⅠからⅥまでの）議論を受け入れる用意があるだろう*。つまり、単なる事実からは価値の基準は語りえない、ということを承認するはずである。かくして彼ら／彼女らはわれわれとともに〈宇宙論的ニヒリズム〉に直面することになる。

＊　現在、遺伝子操作が生命倫理の話題の一つとなっているが、この技術を現実のものとして認めるならば、生物の進化史を認めなければならない。両者は同じ科学的理論に貫かれているからである。他方、広島に落ちた原爆が核エネルギー（すなわち〈強い力〉）の解放だったことを認めるならば、ビッグ・バンから宇宙の末路（それがどのようなものであれ）までを認めなければならない。同じく両者は同一の物理学理論に貫かれているからである。

では、彼ら／彼女ら（もとの素朴ヒューマニストたち）は、人間には究極的な生きる意味はない、という真理を前にしてどう態度決定するであろうか。選択肢は様々に用意されている。すでに論じた三つの反「良俗」的反抗の道もある。このあと取り上げる宗教やその他の類型もある。だがあくまでもヒューマニズムに踏みとどまりたいというのであるならば、この場合ヒューマニズムは変容しなければならない。すなわち、素朴な形態から自覚的な信仰としてのヒューマニズムへと*。

＊　自覚的なヒューマニストの一人はいう。「ヒューマニズムのこれまでの思想形態はいくら否定されてもよいが、その精神まで否定すればニヒリズムに陥るほかない。ヒューマニズムが対立するのは、まさにこのニヒリズムなのである」(古田光「戦後思想の一つの遺産――務台理作

の哲学をめぐって――」『思想と現代　第四号』1986.2、白石書店、p.108)。かくして古田氏は、〈宇宙論的ニヒリズム〉と対決する新しい自覚的なヒューマニズムを提示する義務を、自らに課したわけである。

なぜこの精神態度が信仰といわれるのか。それは、変容した（洗練された）ヒューマニズムの成立の「根拠」に関わる。その「根拠」が何といわれようとも、どこに置かれようとも、それはもはや事実ではありえず、論証もされえないはずだからだ。ゆえにそれは、絶対的なものについて人間が抱く観念、信念、確信、つまり信仰なのだ*。そして信仰一般の効用は、安心（立命）にある。私の人生は無意味ではないのだ、という安心と希望を得るために、人は信仰するのだ（p.58－59を再度参照)。

＊　この点について詳しくは本書第二部Ⅰ、p.128、p.135以下、参照。

例えば、歴史の進歩への人間の使命・貢献とか（フィヒテ)、人間こそが世界の（自然の）最終目的である（カント)、というい方がある。これまでの人類史は「前」史であって、「本」史はこれから築かれるのだ、ともいわれる*。このように論じることによって、人間をあらゆる価値の絶対基準としながら、それを人間の尊厳を謳《うた》うことの根拠とするのである。

＊　マルクス『経済学批判』序言、杉本俊朗訳、大月書店・国民文庫、p.17、参照。

だが、使命、目的、本史（本当の歴史）とは何であるか。それらはまた何によって根拠づけられるというのか。第一に、例えばそうした人間の使命が自然（宇宙）から、あるいは歴史から与えられるというのであるならば、人間の価値は人間の外から根拠づけられることとなって（他律)、厳密にはヒューマニズム（人間中心主義）とはいえなくなるだろう（しかしこの指摘はここでは本質的な批判ではない)。第二に、例えば仮に、歴史は人間性の全面開花を究極目的としている、というにしても、そのことはどのようにして証明されるのか。すでにわれわれには、その根拠が(超)宇宙論的な視点からしてどこにも見当たらないことを確認している。

トロツキーの年来の親友にアドルフ・ヨッフェというユダヤ人の革命家がいた。彼が一九二七年にスターリンに追い詰められて短銃自殺したときに書き遺したトロツキー宛ての遺書のなかに、次のような意味のことが書かれていたという。「人間の生命が私にとって価値があるのは、ひとえに、人類が私の脳裏に意識させる無限というもののために個々の人間の生命がどのようにして、どれほどの期間役に立つか、という観点からである。」つまり「無限の人間性」という理想=観念こそが、そしてそれのみが、個々人の人生の価値を支えるのであるし、これまでの私の革命家としての人生を支えてきたのだ、というのだ。

ところでヨッフェが前出のボーヴォワールとはっきり分かれるのは、この直後に、一方で有限なものに仕えることは無意味であると断言しつつ、他方で「人類は必ずしも絶対に無限ではない」と予期している点である。ここから判断すると、ヨッフェは信仰という性格を自覚したヒューマニストであったに違いない。つまり彼は、何であれ〈無限についての観念〉は信仰でしかないこと、宇宙論的に無限の観点からみれば人生には何の意味もないこと、を承知していたと思われる*。

* ヨッフェに関しては、大西巨人『神聖喜劇』文春文庫、第二分冊、p.337以下、に依った。

結局〈宇宙論的ニヒリズム〉の帰結を容認したうえで、いわばそれを前向きに避ける思想としてヒューマニズムを選択する場合、それが一つの信仰であるという己れの特質を自覚しているかどうかが焦点となる*。自覚していない場合、あるいはあくまでヒューマニズムを実在的に絶対化しようとする場合、かえっていつまでも〈宇宙論的ニヒリズム〉に足許を脅《おびや》かされつづけるであろう（これは次項の宗教の場合も同様である）。

* 遡《さかのぼ》ってカントも「人間こそは〔世界の〕創造の究極目的である」と述べているが（『判断力批判』第八四節）、彼の場合はすでにこのヒューマニズムの理念性（つまり信仰性、虚構性）を深く自覚していたように私は思う。

宗教の議論に移る前に、ここでヒューマニズムと宗教を橋渡しする思考類型として、「精神至上主義」について簡単に触れておこう。〈宇宙論的ニヒリズム〉の帰結を頭ごなしに拒否するもののいい方があるとすれば、そんなものは物質に関してだけ妥当する話ではないか（だから人間についていえば肉体に関してだけ妥当する）、精神は別だ、といえばよい。つまり、精神を物体とは（原理的に）異なった実体とする考え方である。「我思う、ゆえに我在り」といったデカルトが代表である（『方法序説』第四部。いわゆる身心二元論）。この考え方からは必ずしもヒューマニズムが導かれるとは限らないが、逆に人間の精神活動を重視する型のヒューマニズムを突き詰めていくとこれに行き着くであろう（サルトルの無神論的な実存主義ヒューマニズムがその好例）。他方この「精神至上主義」は、次に見る宗教の考え方と相互に支えあっている*。

*「心は熱しているが、肉体が弱いのである」（『マルコによる福音書』第14章第38節）。

この「精神至上主義」ないし精神実体論にもなるほどと思われるところがあり、深い味わいがあることは確かである（事実として人間は精神活動を営んでいるから)。とはいえ、この種の議論は哲学的にきわめて厳格な議論となっていて通常の生活信条の選択肢とはなりにくいこと、またすでにカントがこうした議論を独断的形而上学として説得的に批判していること（『純粋理性批判』「弁証論」のなかの「誤謬推理論」)、さらにはこれによってⅠからⅥまでの議論が揺らぐとも思えないことから、私としてはこれ以上関わらないことにしたい（要するにこれまでの議論からいえば「精神至上主義」も一つの信仰的態度である)。

イ　宗教

宗教とは何か、については多くの議論がある。また本書でも第二部で宗教を主題として論じる。だからここでは、もっぱら〈宇宙論的ニヒリズム〉との関連から宗教について検討しようと思う。

私はⅤで、〈はかりごと〉としての〈人間的自由〉の特質と実際の諸段階を明らかにした。この自由を通しての人間の自己実現は（個人としてのであれ、集団としてのであれ)、成功するかそれとも失敗するかのどちらかであった。失敗した場合の慰撫《いぶ》（なぐさめ）の有力な文化装置が宗教である。また、成功した場合にそこから必然的に疎外（なしとげたあとの虚しさ）という病理が生まれるが、この疎外に対する最後の対症療法が、やはり宗教である。このように宗教は人間の自己実現の歴史と二重に連関しつつ、しかも宗教自体が人間に固有な一つの自己実現である、という事情にある。——以上が私の宗教観の基本的構えである。

かくして宗教は先述のヒューマニズムや他の諸類型と並行した

人生態度の一つなのであるから、私の文脈からすればこれもまた〈宇宙論的ニヒリズム〉の帰結、人生は生きるに値しない、に直面しての真摯《しんし》な態度決定の一つとして捉えることができるはずである*。既述のように私はこれをヒューマニズムとともに、〈宇宙論的ニヒリズム〉からの「逃避としての信仰」の一類型として論じたい。

＊　このことは『旧約聖書』のなかの『伝道者の書』を読み通せば納得するであろう。

なぜそのようにいえるか。簡潔に述べよう。それは、①人間の「なぜ」という問いの欲求と、②観念としては「無限」を思考することができるという人間の思惟の特質との絡み合いから宗教的表象（観念）が生成するからである。まず、人生の失敗の膨大な堆積による挫折感と、（成功から導かれる）疎外による絶望的な自失感とから、人生は無、という深淵がわれわれに向かって否応なくその蓋《ふた》を開けかけるが、そのとき人々は自ずと「なぜ人は生きねばならないのか」「人生の意味はどこにあるのか」と問いを発するであろう(①)。ところがこの問いには解答が見当たらない。深淵の深淵たるゆえんである（底なし）。どこまでいっても底がない、という事態は「無限」ということである。

しかも（ここが人類に関して一番面白いところなのだが）、人類は早期からその「無限」の謎に自前で「解答」を与えることができた、観念としての「解答」を*。それが「無限者」「絶対者」「超越者」としての神（ないし法）である（②)。神により人間は生まれ、生かされ、死もまた神へと意味づけられる、と心の底から信じきることによって（宗教的信仰)、いったん見失われかかった人生の根拠と意義は絶対的に確保されるのだ。このようにして、開きかけたニヒリズムの深淵にもう一度蓋をおおうことができるのである**。

＊　人類学の知見によれば、萌芽としては少なくともネアンデルタール人にまでは遡《さかのぼ》るであろう。II、p.32、参照。

＊＊　「それ〔キリスト教〕は死および虚無に対する叫びであり、死と虚無のなかに人の子イエスを投入するのである」(E. ブロッホ、前掲書、第二巻、p.76)。

これは一つの壮大な自問自答である、といえる。というのも、「人は何のために生きるのか」と問うのが人間であるのは当然として、「それは神（あるいは法）を信じきるところに見いだされる」と答えるのも同じ人間自身だからである*。この事情はどんな宗教にも共通して指摘することができる、と私は思う。

＊「あなたは来世を信じていらっしゃらないって、兄がいってましたけど、来世を信じないなんて、……あたしには、そんなこと耐えられませんわ。それじゃ、いったい何のために生きているんでしょう？」(ゴールズワージー『りんごの木』河野一郎訳、岩波文庫、p.94)。

ここで、人類が体験しうる数限りない不幸のうち、たった一つの事例を想定してみよう。幼い頃小児マヒで軽い身体的障害をこうむった女性が、生家の破産にもめげず、水害や戦争などの天災・人災にも屈せず、夫に裏切られて離婚した痛手にも耐えて必死に生きてきた果てに、手塩にかけて育ててきた一人息子を最後に交通事故で亡くしたとする。その彼女が（悲嘆と絶望のあまり命が絶えてしまうというのでなかったならば)、新興宗教に加わるか、或いは教会の門を叩くかしたとしても、それはきわめて自然であり当然であり必然なのではなかろうか。個々人や民族などの集団をめぐってのこれに類する事情は一万年前であれ、現在であれ、千年後であれ変わらないし、生きる土地の境界をこえて普遍的である。われわれはこうした事情の変奏曲を無限に想像することができるし、我が身を含めて容易に身の回りに見いだすことができる。この共感（同情）がまたあらゆる宗教の拡がりゆく原動力となっているし、構成員の連帯感を形成している*。

＊ジッドは次のようにいう。「事実の抵抗〔現実のままならなさ〕は、われわれの観念的建築を、夢や希望や来世に移行させる。そのなかで、われわれの信仰は、現世のあらゆる幻滅を糧として肥《ふと》って行く」（アンドレ・ジイド『贋《にせ》金つくり』川口篤訳、「作家エドゥワールの日記」から、岩波文庫、上 p.271）。

以上で宗教という人間の精神的・文化的・歴史普遍的な営みが、〈宇宙論的ニヒリズム〉とどういう関係にあるかの検討を終えよう。

ここでヒューマニズムと宗教を併せて、〈宇宙論的ニヒリズム〉からの「逃避としての信仰」という範疇について総括してみたい。人生は無意味だ、というもののいい方に接して、まず人は「そんなはずはない」「それは嘘だ！」と叫ぶであろう。それが「まともな」人間の「正常な」反応というものである。だが人間の存在条件を考えれば考えるほど、人生の体験を積めば積むほど、先の命題が真実であることを認めないわけにはいかなくなる。このとき大半の人間は最後の縋《すが》りどころとして「人間自身の絶対的な尊厳」（ヒューマニズム）か、或いは「すべてを意味づける絶対者」（宗教）を自ら観念し、これを自ら信仰する。だからこの営みは両者とも人類に普遍的な、類的自己欺瞞といってもよいだろう（本書第二部Ⅱ§3、p.168、参照）。これら両者はⅥで触れた、ニーチェのいうところのアポロン的原理の二つの流れ（ソクラテス的知性主義とキリスト教）にほぼ照応する。

この欺瞞（ヴェール）は人間にとって必要であり不可避である。繰り返せば、それは自然であり当然であり必然である。なぜかといえば、これなしには人間は安心立命できないから*。だから私は（本節のはじめにも述べたように）、この逃避・欺瞞を非難・嘲笑するどころでなく、最も人間的な、人間にふさわしい、人間味にあふれた人生の態度選択として慈《いつく》しむのである。

＊　自然科学の見地に立つ論者も次のようにいっている。「最終的には妄想がなければわれわれは戸惑ってしまうだろう。もし完全に理性的になって、妄想を一掃し、……この惑星〔地球〕が小さな星〔太陽〕のまわりを公転している岩塊にすぎず、……銀河系宇宙が無限の宇宙空間に散らばっている無限の星くずの集まりの一つにすぎないと考えはじめたらどうであろうか？　……個人の存在の空しさが、われわれを打ちのめしてしまい……人類は滅んでしまうだろう」（ロバート・アードレイ『狩りをするサル　人間本性起源論』徳田喜三郎訳、河出書房新社、p.249）。

C　人生の全的否定

さて、〈宇宙論的ニヒリズム〉の帰結、人生は生きるに値しない、に最も忠実であろうとすれば、どのような人生態度が考えられるであろうか。その場合、「人生には何らかの意味がある（はずだ）」という前提で営まれている限りのあらゆる人生態度を、潔《いさぎよ》く全面的に否定するはずではないだろうか。本節ではそうした範疇を検討したい。この範疇に含まれる類型としては二つあるであろう。すなわち、哲学的自殺と脱世である。

ア　哲学的自殺

では、なぜさっさと自殺しないのであろうか。「人生には究極的には意味がない」というのが絶対の真理であると確信するのであるならば、その真理に殉じて自殺するのが潔い選択というものではないだろうか。――多くの人はそのように反問するであろう。

まさにフランスの実存思想家アルベール・カミュはそのように問題を立てた。「真に重大な哲学上の問題はひとつしかない。自殺ということだ。人生が生きるに値するか否かを判断する、これが哲学上の根本問題に答えることなのである。」彼は自分の哲学的な主著『シーシュポスの神話』の冒頭をこのように切りだした*。簡潔にして直截《ちょくせつ》明瞭な問題提起である。引用文の限りでいえば、カミュは人生が生きるに値しないと判明すれば、あとは自殺するだけだといっているわけである**。この種の自殺を私は「哲学的自殺」と呼ぶことにしよう***。

*　アルベール・カミュ『シーシュポスの神話』清水徹訳、新潮文庫、p.11。

**　この根本問題に対するカミュ自身の結論と、それに対する彼の態度については、次節**D**の**ア**で検討する。

***　ややこしいことに、カミュ自身は宗教的信仰に逃避する思想態度のことを「哲学上の自殺」と呼んで批判している（前掲書、p.45 以下）これについては後述する（p.112–113）。区別のためにいい添えれば、カミュの場合、哲学を殺すの意であり、私の用語法は、哲学に殉じて自殺する、の意である。

だがはたして、このような帰結から哲学的自殺の道を選ぶ人間は実際に存在するだろうか。外国はいざしらず、（誇るべきことに）ここにこの道における一人の日本人の先達《せんだち》がいる。藤村操《みさお》である。

旧制一高生だった藤村操が華厳の滝に飛び降り自殺したのは、一九〇三年（明治三六年）五月のことであった。十八歳であった。

その彼が書き残した有名な辞世の文「巌頭之感《がんとうのかん》」には、「萬有《ばんゆう》の眞相は唯一言《いちごん》にして悉《つく》す、曰《いわ》く『不可解』。我この恨《うら》みを懐《いだ》いて煩悶《はんもん》、終《つい》に死を決す」とある。「万有は不可解」とあって、人生は無意味、といっているのではないが、文面から判断するかぎりこれが哲学的自殺の典型であることは間違いない。しかもこの遺書の冒頭には、次のようにある。「悠々《ゆうゆう》たる哉天壌《かなてんじょう》、遼々《りょうりょう》たる哉古今、五尺の小躯《しょうく》を以て此《この》大をはからむとす……」と。つまり無限の宇宙空間と無限の時間の流れとの二つ（つまり「万有」）と、己れの人間存在の卑小さとの比較が死の決意の出発点だったのである。彼が哲学的自殺に至った思考の道筋は、けっしてこれまで検討してきた〈宇宙論的ニヒリズム〉から遠くないのである。遺書の最後は次のように結ばれていた。「既に巌頭に立つに及んで、胸 中《きょうちゅう》何等の不安あるなし。はじめて知る、大《おおい》なる悲観は大なる楽観に一致するを。」十八歳の青年の手になる文章とはとても思えないほど、深く心を打つ文章である（しかもこれは死の数分前にその場で書かれた*）。

＊　藤村操については、このあとの記述も含めて『週刊朝日』（1986.7.11号）の記事によった。

藤村操の文面から厳《おごそ》かに伝わってくるごとく、この選択肢は既述の他の諸類型に比べて、己れの生の無根拠さ・無意義さを正視しており、それから逃げていない、といえる。この真理のみを凝《ぎょう》視《し》するところから導かれた、文字どおり最後の選びである。それは、他の選択肢以上に他者からの批評を許さぬ人生態度（！）といえよう*。

＊　他の例として、「若さも、健康も、生きていることもどんな意味があるというのか」と書き残して、東京の或るホテルの 47 階から飛び降

り自殺した映画俳優の沖雅也がいる（1983年6月28日）。

ドストエフスキーは文学のなかで哲学的自殺を描いた。『悪霊』におけるキリーロフである。彼はいう。「人間がしてきたことといえば、自分を殺さず生きていけるように、神を考えだすことにつきた。」このいい分は、前節の**イ**で宗教を〈宇宙論的ニヒリズム〉からの「逃避としての信仰」として論じた観点とぴったり一致する（前節のジッドからの引用〔p.99注〕とも通じる）。そのキリーロフはいう。「ところがぼくは、神は存在しないし、存在しえないことを知っている」、と。こういって彼は革命家仲間の殺人の陰謀に一役買うべく拳銃自殺する。その陰謀がまったく無駄な茶番でしかないことを、ということは自分の死もまったくの犬死でしかないことを十二分に知り尽くしながら*。

* ドストエフスキー『悪霊』江川卓訳、新潮文庫、下 p.434–437。

だが翻《ひるがえ》って考えてみるに、哲学的自殺は本当に成立するものだろうか。（作中人物のキリーロフは別として）藤村操（と沖雅也）の自殺は本当に哲学的なそれであったのであろうか。ここから先私はその点を吟味したいのであるが、そのために少し回り道をしなければならない。——

ここに自殺の公式（ないし評価式）というものが考えられる。それは、自殺しようとする当人がなんらかの評価観点（「意味」、価値基準）から判断して、

死 ＞ 生

すなわち、「死大なり生」と計算する、ということである。これを、「生」を左辺に移項して変形すると、

（死 － 生）＞ 0

すなわち「死から生を引くとゼロより大きい」となる。この評価式はあらゆる自殺に該当するはずである。自殺する人は、どんな「意味」でであれどんな観点からであれ、「生きているよりは死ぬ方がましだ」と判断したはずだからである（どんなに突発的な自殺であろうとも）。

宗教的自殺というものがある。一刻も早く涅槃《ねはん》ないし天国に生まれかわりたいといって、(一定の資格と儀式が必要であろうが) 自ら命を絶つケースである。中世の日本においても実例があったという。また現代でもアメリカなどで狂信的な宗教団体が「時は来た」といって集団自殺する事件がときおり発生したりする*。これらの事例では、式は

$$(+x) - (-y) > 0 \quad (\text{ただし } x, y, \cdots > 0\text{。以下同様})$$

となって、答えは断然プラスになることが分かる。

＊　例えば一九七八年に起きた人民寺院事件。この年の十一月、「人民寺院」と名のるアメリカのキリスト教系宗教団体が、集団移住先のガイアナで教祖の指示によりいっせいに毒を仰いで集団自殺した。死者は900人以上であった。

あるいは、自分の病気が不治であることを観念した場合、その人が無神論者であってあの世の存在を信じていないにしても（つまり死＝ゼロ)、当人にとってこの病気自体がつらいし（マイナス)、このあと社会復帰して社会に（会社に？）貢献できる見込みもなく（ゼロないしマイナス)、加えて家族の経済的、精神的、体力的、時間的負担が耐えられないところまできていること（他の諸々のマイナス）を考えあわせれば、自殺を決意することは大いにありうることではないだろうか。この場合を上の評価式に当てはめてみると、

$$(0-\{(-x+(-y)+(-z)\cdots\}>0$$

となっていて、確かに式は成立している。これは安楽死、尊厳死の問題でもある。

他の組合せとしては、

$$(-x)-(-y)>0 \quad (\text{ただし } y>x>0)$$

(死ぬのもつらいが、これ以上生きるのはもっとつらい)

等、いくつも考えられるし、また実際のこととしてさまざまなケースがありうるだろう（失恋自殺、政治的自殺、等）*。

* なお自殺論としては他に、切腹、特攻隊、姥《うば》捨て山、ロシアン・ルーレット、等も必須の考察対象となろう。

大事なことは、当事者がこの評価式に基づいて生と死とをきちっと秤《はかり》に掛けたうえで自殺したのであるならば（究極の〈はかりごと〉）、その評価の観点が他者から見ていかに問題の多いものであろうとも、他者は彼／彼女の自殺という選択に文句をつける権利はない、ということである。なぜならば、彼／彼女は死ぬことの方がプラスだ、と判断したのであるから。だから、もし強引に自殺を止めるとすれば、それは本人の判断からすればマイナスであることを押しつけることとなり、無責任かつ失礼でさえあるだろう*。

* 一例として、倒産した中小企業主が自殺する場合を考えてみよう。ここでは金銭的に評価して例えば一億円の負債と二億円の保険金の差し引き一億円がプラスとなるとしよう。これが死の報酬である。このとき「命は金に代えられない」といって彼の自殺を止めるのであるならば、保険会社に代わって二億円を用意してからでなければなるまい。この論法に釈然としないものが残るとするならば、それは（彼自身の仕事上の主体的な責任を措くとして）、彼を自殺に追い込んだ社会・政治・経済の疎外の問題であって、したがって別の問題である。

ここでわれわれは本論に戻ろう。もし哲学的自殺が上記の自殺の評価式に照らして成立するものであるならば、やはりわれわれはそれを止めることができない。そして哲学的自殺こそ、もっとも冷静で理知的な計算・思慮がもたらした人生態度であるはずではなかろうか。

ところで、「人生は無意味（ゼロ）だ」ということで自殺するのが哲学的自殺であった。では彼／彼女にとって死は何を意味するのであろうか。宗教的信仰を抱いているのでないかぎり、彼／彼女にとって死もまた無（ゼロ）、ではないだろうか*。すると、自殺の評価式はどうなるであろうか。

0（死）－0（生）＝0

となって、不等式が成立しないのである！　つまり、価値ニヒリズムという論理に立って哲学的に考えを進めた場合、哲学的自殺はありえないし、あってはならないのである。これがいかに奇妙に聞こえようとも、この議論に誤りはないはずである。だから、もしそれでもあくまで「哲学的な」自殺を図るとするのであれば、それはゼロ（無）からもう一つのゼロ（無）へと敢えて跳躍する企み（はかりごと）となり、それ自体無意味（ゼロ）となろう。これを別言すれば、すべてこの世での人間のなす行為は無意味であるなかで、「哲学的」自殺は例外的にも無意味の二乗である、ということである。これが哲学的自殺に対して私が語りうる批評のすべてである**。

*　p.77にあるマーラー『大地の歌』からの歌詞を再度参照。

**　いうまでもなく〈宇宙論的ニヒリズム〉の立場からすれば、評価式の不等式に合格した（通常の）自殺といえども、結局は無意味である。その評価式を成り立たしめたそのつどの評価観点自身が、究極的には根拠も意義ももたないからである。

では仮の話として藤村操にわれわれの議論を聞かせたとして、彼は納得したうえで自殺を止めたであろうか。おそらく否であろう。なぜならば、この項を締め括《くく》るにはいささか拍子抜けのする話かもしれないが、彼の自殺の真因は一歳年上の美しい女性に対する純情な片思いにあったからだ（前注した週刊誌の記事による）。とすれば、彼の自殺は厳密には、〈哲学的自殺〉的失恋自殺と呼ぶべきであろう（なお、沖雅也にも実人生上の深刻な悩みがあった）。

だが、われわれは三度《みたび》確認したい。たとい計算上は成立しないとされようとも、また他の世俗的な理由を伴っているがゆえに哲学的自殺〈もどき〉にすぎないといわれようとも、哲学的な諦観の色彩を帯びた自殺は、〈宇宙論的ニヒリズム〉に直面しての一つの、厳粛で最も潔《いさぎよ》い選択肢でありつづけるであろう、と。

イ　脱世

人生は無駄だと知って、同じく無駄な死へと敢えて自殺する、その行為そのものが無駄中の無駄、と知ったうえは、すなわち哲学的自殺は成立しないと見極めたあとには、どのような人生態度が残されているであろうか。――いっさいに無関心に、生き延びるに任せる。この人生態度を私は脱世または超俗と名づけよう。これを（究極の）隠遁、世間からの（徹底した）ドロップ・アウトといい換えてもよい。

この世で人間がなす一切事を（自殺さえ）無意味なこととして否定・無化・達観する。人生を、何も考えず何も感じずに、水藻の如くに生きる。究極的には、現在の瞬間の生きているという感覚すら無化される。小川のせせらぎの水底に自生する水藻は、穏やかな日にはしなやかな姿勢で揺らめくに任せ、嵐のあとの水の多い日には水底に折れ曲がるに任せて濁流をやり過ごすだろう。

これこそが真の隠遁、ニルヴァーナ（涅槃《ねはん》）といわれる境地に違いない。本当の隠遁は、世間にそれと知られようなどという魂胆もなく、したがってわざわざこれ見よがしに辺境の地に隠棲《いんせい》することもせず、市井《しせい》の中で目立たずに生きていくものであろう*。

*　古代ローマ末期の格言、「よく隠れていた者は、よく生きていた者である」。

するとおのずと、これは乞食という生活態度ではないか、と思い至る。乞食にも二義ある。〈こじき〉と読むと、今日ではホームレスの人々を意味する。〈こつじき〉と読むと仏門の托鉢僧を意味する。だが、二者の区別、差異は私の観点からはほとんどないに等しい。自殺もせず、宗教にも助けを求めず、家族から離れて他人に迷惑を掛けることなくひっそりと生きているホームレスの人々のなかには、人生は無意味だという諦め（＝諦観＝悟り）を得た人も少数ながら含まれているのではなかろうか。彼らの境地は、いっさいを放下《ほうげ》した宗教的な解脱の境地とほとんど違わないのではないか、と思われる*。

*　Bイ「宗教」に該当せず、ここのCイ「脱世」に属する宗教もありうるだろう。

尾崎放哉《ほうさい》という放浪の俳人がいた（1885–1926）。旧帝国大学出身のエリート・サラリーマンだったが、四十歳近くになって会社も家族も投げ棄てて一介の乞食になったという。そのときに詠《よ》んだ句が「いれものがない／両手でうける」というものであった。まずこの句は、俳句としての定型を破った自由なものだが、それ以上に伝わってくる余韻が爽やかである。食物を分けてもらうときのお碗、お金を恵んでもらうための器《うつわ》さえ持たないというほどに、こだわりのない境地というものが存在するのだろう*。

＊『学士会会報』(1990–Ⅲ、No.788) にある古舘六郎のエッセイによる。なお余談ながら、ここで取りあげた尾崎放哉と前項で論じた藤村操とは、旧制高等学校時代、同級生であったという。

彼の先輩として、西行がいた (1118–1190)。西行は二十三歳で武士の身分と家族とを棄てて出家し、全国を放浪しながら多くの歌を残した。そもそも釈迦が彼らの先達というべきであろう(紀元前五世紀)。ギリシアでいえば、紀元前五〜三世紀頃の、アンティステネス、シノペのディオゲネス、クラテスの三人に代表されるキニク派 (犬儒派) と呼ばれた人々がこの類型に当たるだろう。近代でいえば、ショーペンハウアーの哲学がこれに該当するかもしれない。彼は、意志の否定を通して諦観へ、と主張したからである(彼本人の実際の生きざまがどうであったかは別として)。

ともあれこの態度は、いったん〈宇宙論的ニヒリズム〉の帰結に対する最も潔い態度と思われた哲学的自殺が論理的に否定された地点で、それに代わるものとして位置づけられる人生態度であった。その特徴は、生をも死をも等しく無として徹底的に否定するところにあった。ゆえにこれも他からの批判を超越した、一つの高邁《こうまい》な人生態度として認められよう。もう一つ確認できることは、彼らは歌を詠み、俳句を捻《ひね》るという程度以上には実践としては「何もしない」のであって (実践の否定)、ほとんど専ら、人生は無という深い認識 (諦観) を反芻《はんすう》しつづけるのである。

では、この脱世、超俗の向こうに、さらに別の人生態度があるだろうか。われわれは最後にその可能性を探っていこう。

D　人生の全的肯定

最後に、人生は生きるに値しない、という〈宇宙論的ニヒリズム〉の帰結を（Cと同様に）何の留保もなく承認したうえで、しかもその「生きるに値しない」人生を（Cとは対照的に）全面的に肯定しながら生きる、という態度について考えてみよう。それにはまた二つあるだろう。一つは、人生には意味がないにもかかわらず敢えて生きる、という逆接的肯定、他の一つは、意味がないから生きる、という順接的肯定である。

最初に断わっておくと、これら二つの類型はともに人生に対する心構えに重点が置かれていて、具体的な生き様を描くことが難しい、という特徴がある。

ア　〈にもかかわらず〉生きる

このタイプの代表的な思想家はアルベール・カミュである。彼は前節Cアの「哲学的自殺」のところで述べたように、人生は生きるに値するかどうか、むしろ自殺すべきなのではないか、をその哲学の根本問題とした。だが彼自身の結論は一見すると奇妙なものであった。すなわち、人生は不条理（説明がつかない、馬鹿げている、の意）であって生きる理由は見当たらない、だがだからといって絶望して自殺するのでなく、不条理というこの帰結に対してどんな姿勢であれ反抗しつづけて生きるのが人生だ、というのである。この構えを彼は「形而上学的反抗」と名づける（前掲書 p.79。以下同様）。以下、彼のこの考え方を少し詳しく辿ってみよう。

人間の精神は、理性と感情とからなる。前者は明晰性を要求し、後者は親密性を欲求する。そして人間は本能的に、この両者の統一への郷愁を抱く（p.30）。――つまり、われわれはまわりの人間たち、社会の出来事、世界や自然の事象について、一方で（恐れとともに）できることなら親密になりたいと望みながら、他方で例えば、彼らが私たちの仲間に加わってくれないのはなぜだろうかという風に、何事であれそれの明晰な理由を知りたがるものだ。この郷愁の究極の形が、〈総じて世界は、なぜ他のようにでなくこのようになっているのか〉〈なぜ私はこの生を生きねばならないのか〉という問いであろう。つまり、いま生きているこの人生の絶対的な拠り所への渇望である。人間は当然のごとくこれを世界に「呼びかけ」る。世界にむかって、究極的な親密さと明晰性を求めるのだ。だが世界は沈黙したままである！　世界の存在の根拠も、個々人の人生の意味も、世界は何一つ明らかにしてはくれないのだ。

ところで人間が発する問いには、十分にか不十分にかは別として、大概の場合なんらかの答えが得られるものである（「その質問にはお答えできません」という返事も一つの立派な答えである）。しかるにいま世界は一言も答えようとしない。ゆえにこの沈黙は人間からして「不当」と感ぜられよう。かくして世界への「人間的な呼びかけ」と人間に対する「世界の不当な沈黙」とが対峙する。そしてこうした両者の関係そのものが「不条理」である、とカミュはいう（p.44）。

この対峙は、したがって不条理は、永遠に続く。つまり、個人が生きているかぎり、また人類が存続するかぎり、「人間的な呼びかけ」は止むことがなく、それに対して世界の沈黙も止むことがないからだ。人間と世界と不条理の三人芝居。われわれ人間はこの不条理劇を、登場人物の一人として最後まで演じつづけなければならない。それが不条理という運命に対する形而上学的な(哲学的な)反抗である(p.79)。

このように論じたカミュは、返す刀で、彼自身の議論の出発点であった自殺の問題に戻り、これを批判・否定する。一見すると自殺とは、不条理という運命に対する最も断固たる「反抗」の意思表示であるかのように見える。だが本当は、自殺は不条理を「受入れ」、「不条理への同意」を前提しているのだ(同)。つまり明晰性と親密性への欲求を放棄し、結局のところ不明晰なもの、親密ならざるものを容認してしまうことになるのだ。それは世界と人間をめぐる不条理に対する屈伏である、とカミュはいいたいのであろう。

同様にして彼は、不条理からの脱却・「飛躍」を宗教的な信仰に求める態度をも批判する(p.60)。この道を選択する者は(例えばキエルケゴールやシェストフ)、不条理という事態は「人間の尺度を超えている」という。つまり、不条理とは人間の理性にとって割り切れない(合理性を超えた)事態だ、という。ここまでは正しい。だが、「だから超人間的なものでなければならぬ」、換言すれば、「だから」われわれは神を信仰しなければならぬ、というとすれば、そこには論理的な「飛躍」がある、とカミュはいう。どういうことであろうか。

カミュの議論を斟酌《しんしゃく》すれば、「だから」という言葉は、理性的な(合理的な)推理における結論を導く接続詞であるが、(上記したように)不条理はすでに超合理なのであるから、もはやそこには合理的な推論を当てはめることはできないはずだ、ということであろう。だから「この『だから』は余計だ」。「ぼくのいいうるのは、なるほどこれはぼくの尺度を超えている――これだけだ。」それでも敢えて神に縋《すが》るとすれば、それは「逃亡」であり「逃避」であり（p.50、p.54）、さらには「哲学上の自殺」である、とまでカミュは論難する（p.62）*。身体上の自殺も精神上の自殺（宗教的信仰）も、一度は自分自身がその道の選択をぎりぎりまで迫られた体験のあるカミュだからこそ、結局いずれもの自殺の道を自分にむかって厳しく退けたのであろう。

* 前節Cアで論じた「哲学的自殺」とは意味が対照的であることを再確認されたい（p.101）。

カミュは現代自然科学の知見を駆使して人生の不条理を論じているわけではない。だが上に見てきたように、人生には明晰な意味は見当たらない、という帰結の点でわれわれの〈宇宙論的ニヒリズム〉と同値といってもよいであろう。また彼の、自殺批判と、神の信仰を逃避とする宗教批判も、Cア「哲学的自殺」とBイ「宗教」という二つの態度への私の評価に通じるものがあった。ゆえに、彼が選んだ〈不条理に対する形而上学的反抗〉という人生態度は、われわれにとっても一つの有力な選択肢となるのである。

よく知られた話であるが、ギリシア神話のなかでシーシュポスは、主神ゼウスの密通を告げ口した科《とが》で地獄に落とされたうえに、果てることのない永遠の罰を与えられた。それは、大きな岩を山の頂《いただき》に運びあげるというものであるが、頂上に運びあげて手を離したとたん岩はまた麓《ふもと》に転がり落ちていくからである。カミュは『シーシュポスの神話』において、人間に与えられた〈不条理〉という境遇をこのシーシュポスの刑罰になぞらえたうえで、この著作の末尾で次のようにいう。

「ぼくはシーシュポスを山の麓に残そう！　……シーシュポスは、神々を否定し、岩を持ち上げることを飽くまで忠実に続けるように教える。彼もまた、すべてよし、と判断しているのだ。……頂上を目がける闘争ただそれだけで、人間の心を満たすのに十分たりうるのだ。いまや、シーシュポスは幸福なのだと想わねばならぬ」(p.173。訳文は一部改変)。

カミュのこの思想は、哲学者以外の知識人に大きな影響力を与えた。われわれがⅡ、Ⅳで依拠した分子生物学者のJ.モノーは、その著『偶然と必然』の冒頭に上記のカミュのこの言葉を（もっと広範囲にわたって）引用しているし*、Ⅲで依拠した社会生物学者のE.O.ウィルソンも、その主著『社会生物学』の冒頭と末尾の二箇所でカミュの思想に言及している**。さらに構造人類学者のレヴィ＝ストロースも、『悲しき熱帯』の或る箇所でカミュのこの思想に暗示的に触れている***。

＊　J.モノー『偶然と必然』渡辺格／村上光彦訳、みすず書房　p. i。
＊＊　E.O.ウィルソン『社会生物学』伊藤嘉昭監訳、思索社、第一巻、p.3、第五巻、p.1141。
＊＊＊　レヴィ＝ストロース『悲しき熱帯』川田順造訳、中央公論社、上p.195。

カミュ以外の近代の思想家で、このDアの「〈にもかかわらず〉生きる」の類型に入ると思われるのは、ほかならぬニーチェであろう。彼は種々の「消極的な」あるいは「積極的な」ニヒリズムを批判しつつ、彼自身はすべてが「永遠回帰」するにもかかわらずそれを「運命愛」によって受けとめつつ、「超人」の立場に立った「完成された」ニヒリズムを主張したからだ。そもそも私が、

Ⅵの末尾以降ここまで考察を進めてきたのは、「われわれの説く真理に触れるだけで砕けるようなものは、みな砕けるがよい——まだ建てるべき家があるのだ」という彼の言葉に導かれてのことであった。だがニーチェについてはこれぐらいにしておこう。

最後にこれまでと同様に、この「〈にかかわらず〉生きる」という態度に関して、若干の評価を述べておきたい。第一に、ここには或る種の〈気負い〉を指摘することができる。なぜならば、醒《さ》めた目で見れば「人生は無意味」という帰結と「生きる」という選択とのあいだにはそもそも逆接の接続詞は入りうるのか、という疑問を提出することもできるからだ。つまりこの〈気負い〉とは、二つを敢えて逆接という関係で接続するという人間臭さに他ならない。第二にこの態度は、そうした人間臭い熱情（パトス）に支えられている分、具体的にどのような道を選ぼうとも、他のどのような人生態度にも増して実践的であろう*。この二つが特徴として指摘されうる。

＊　ヨーロッパ人によく知られた次のような言葉がある。「たとい明日世界が滅びようとも、今日私はリンゴの木を植える。」これはルターの言葉といい伝えられているが、未だ正確な出典が明らかでないそうである。仮にいい伝えの通りルターの言葉であったとしても、この言葉のかぎりでは神信仰による救済は問題となっていない。むしろこの言葉は人生の意味をめぐる虚無を前にして、〈にもかかわらず〉生きるという態度を（直前の特徴づけに反して）ほとんど気負いなく恬淡《てんたん》と語っている、と受け取ることもできよう。

イ　〈だから〉生きる

長い検討の旅の最後に、「人生には意味がない、だから生きる」、という人生態度の可能性について考えてみよう。この類型にはこれといった提唱者は見当たらない（S. モームについては

p.120–121 注、参照)。そこでその理屈は私自身が捻《ひね》りだすほかはない。

すでにⅥで論じたように、〈宇宙論的ニヒリズム〉とはいい換えれば〈ゼロの思想〉、それも±0というのでなく〈掛けるゼロ〉の思想であった。どんな行為、どんな生涯、どんな業績であれ、いったんは現実の進行形の人生・社会・歴史のなかで自他によってなんらかプラスにかマイナスにか(相対的に)価値評価されるであろうが、それも〈宇宙論的価値ニヒリズム〉の観点からすれば究極的にはゼロを掛けられて、すべて〈無 nothing〉に帰すのであった。

とすればひょっとして、発想を逆転させてみれば〈宇宙論的ニヒリズム〉は〈割るゼロ〉でもあるのではないだろうか。先ほどゼロを掛けたのは、人生に「価値係数」を掛けて、いわば「価値の値」を産出する作業であった。ところがこの場合(偶々)価値率がゼロであったので、答えもゼロとなったのであった。これに対して、これまでわれわれは〈割るゼロ〉という観点からは検討してこなかった。そこで以下その可能性を思考実験してみたい。

初等数学において明らかなように、

$a \div 0$ (ただし $a \neq 0$)

という演算は不能である*。ゆえに人生はゼロならざる或る(プラスの)値を絶対値として有する、と見なす以上は(通常はそのように信じられているのだが)、そこにいきなり〈割るゼロ〉の思想を重ねるわけにはいかない。

* 仮に $a \div 0 = m$ としよう。左辺の分母のゼロを右辺に移すと、$a = m \times 0 = 0$ となって、$a \neq 0$ という前提と矛盾する。よって不成立。

ところが直前に再確認したように、これまでの議論からすると、

人生の（価値の）値は

$$L \times 0 = 0 \quad (1)$$

であった。ここでLとは任意の人生の中味全体を意味し、×0 のゼロは〈宇宙論的ニヒリズム〉を意味し、＝0 のゼロはその人生の究極的な価値の値を意味した。ところで普通の計算では、x に y を掛けて得られた値 xy を再び y で割ると、元の x に戻るだけである $(x,y \neq 0)$。ではここで得られた人生の値 $(=0)$ を再び〈宇宙論的ニヒリズム〉のゼロで割ったらどうなるであろうか。はたしてそのような計算は可能なのであろうか。

ところで不思議なことに、

$$0 \div 0 = n \quad (2)$$

という演算は数学的にいって可能である*。

* 先ほどと同じく左辺の分母のゼロを右辺に移すと、$0 = n \times 0 = 0$ となって、矛盾しない。よって成立。

われわれにとって注目すべきは、このとき n は任意の数、つまりどのような数であってもよい、もちろん＋－を問わない、という点である。つまり、〈宇宙論的ニヒリズム〉の〈掛けるゼロ〉によって意味剥奪《はくだつ》ないし価値漂白された人生を、同じ〈宇宙論的ニヒリズム〉の〈無〉で割ってみる――すると、任意の人生態度がすべて答えとなりうるのだ！　あらゆる人生の型が一挙に肯定されるのだ！

実は冷静に考えてみれば、この結論は驚くべきことではない。もともとLは任意の人生を意味していたのだが、それにゼロを掛けてゼロで割ったら元に戻ったというだけの話だからだ（つまり、先に述べた普通の計算と変わらない)。とはいえこのことは、一人の人間の一回きりしか生きられない人生が、実は万人の千差万別の人生のどれか別の一つであったとしてもおかしくはないのだ、ということを意味するのであるから、やはり少しは驚いてもいいのかもしれない。

ところでⅥにおいて、人生の無根拠性から無目的性・無使命性を、無意義性から無償性・無救済性を論じた（p.67）。その結果、人間とは《何をするのも許されているが、何をやっても無駄な存在》と規定した。これを今計算した (1) と (2) の二つの計算と照らしあわせてみよう。まず（順序は逆だが）後半の「何をやっても無駄」は、〈掛けるゼロ〉の結果を意味した（(1) における右辺のゼロ）。これに対して前半の「何をするのも許されている」が、(1) のLであり、(2) で得られたnでもある。もう一度繰りかえせば、一回きりしか生きられない一人の人生が、万人の千差万別の人生のうちのどれか別の一つであったとしても「許されている」ということだ*。

* もちろんこれまで誰一人として歩まなかった人生を開拓することも（こそ）「許されている」。

ドゥルーズとガタリは前掲書（本書p.73、参照）のなかで、これまでの歴史を支配してきたイデオロギーとしてのエディプス・コンプレックスに呪縛《じゅばく》されない、男女の間の自由な異性愛、同性愛を形容して「花々の根源的な無罪性」と呼んだ（前掲書p.87、p.96）。彼らの文脈とは少々異なるが、われわれが到達した〈割るゼロ〉による人生の任意に開ける可能性の地平も、この言葉の意味合いと重なりあうであろう。

以上の（新たな）吟味を踏まえつつ、ここで第三のテーゼ《何をするのも許されているが、何をやっても無駄》を裏返しにして、《何をやっても無駄だが、何をするのも許されている》としたらどうであろうか。再度確認すると、この裏命題の前半が〈掛けるゼロ〉を示し、後半の「何をするのも許されている」が〈割るゼロ〉の結果に当たる。人間は未来永劫救われないかわりに、罰せられるはずの原罪もないのだ。——すなわち、この〈割るゼロ〉とは、人間の全面的な自由の湧出点を意味するといえるだろう*。

*ここでいう「自由」は、Ⅳで定義した人間の自由（＝〈はかりごと〉）を直接には意味しないが、後者をいわば権利保障する関係にある。目的定立実現活動において、何を目的にしてもよいということ。この自由は、〈価値からの自由〉でもある（後述）。

以上が、人生は無意味〈だから〉生きる、という人生態度の可能性の論証である。一言でいえば、ゼロは無限を生む、ということ*。多少議論が理屈っぽいという印象は否めないかもしれないが（そういえばカミュも相当に論理優先であった）、〈宇宙論的ニヒリズム〉という〈無〉の真理がいかに人間の根本的な自由を保証してくれるものかと、改めてここで〈無＝ニヒリズム〉というものに驚嘆せざるをえないであろう**。

*　かくして、直前に検討したDア「〈にもかかわらず〉生きる」という類型のときとは異なって、〈だから〉という接続詞の挿入は論理的に正当化される、と一応いうことができよう。

**　ここで用いたゼロをめぐる演算は、厳密にいえば疑問なしとしないであろう。読者はあくまで比喩として受けとめられたい。

ここで留意すべき点が二つある。第一に、一人の人間が限られた人生のなかですべての可能な人生をことごとく味わい尽くすということはもちろん不可能であるということ。これはいうまでもなく自明である。第二に、それ以上に本質的なこととして、このようにして認知された人生がここから何か絶対的な価値を身に帯びはじめるということは絶対にない、ということ。なぜかといえば、この新しい人生になんらかの意味がいったんは改めて語られうるような気がするにしても、それは常に繰り返し〈掛けるゼロ〉によって価値漂白される宿命にあるからである。そもそも、だからこそこれに〈割るゼロ〉を施すことが可能となったのである(「身を捨ててこそ浮かぶ瀬もあれ」)。結局議論はこの「水掛け論」の永遠の繰り返しであるから、含意としては最初の一巡りの操作で代表させて受けとめておけばよい。

さて、意味を剥脱されたまま無限に花開く人生模様とは、観点を換えていえば、どんな人生の選択肢も既存の道徳やノモス（社会規範）の束縛から自由となる、否、いっさいの価値から自由となる、ということである。この点で「〈だから〉生きる」という思想は、これまでに検討した**A**「反「良俗（ノモス）」的反抗」の範疇に属する三つの類型（「世をすねる」「悪魔主義」「刹那主義」)、**C**の**イ**「脱世」、**D**の**ア**「〈にもかかわらず〉生きる」と共通するところがある。が、すべてがなんらの留保なしに肯定されるとする点で、極北に位置するといえよう。ドゥルーズとガタリは、ノモスに縛られるパラノ型（神経症タイプ）を捨てて、さまざまな可能性のあいだを自由に横断するスキゾ型（統合失調症タイプ）の人生態度を提唱した（前掲書)。二人が「花々の無罪性」という言葉で同性愛を含めて男女関係の自由を擁護したのも、その一環にすぎない。私はこの境地を改めて、《もはや何に対しても気兼ねなく振る舞えばよい》と表現しようと思う*。

＊　これはS. モームの長編小説『人間の絆』の主人公フィリップが、小説の最後に至って到達した境地とそっくり同じである。少し長いが引用してみよう。「……人生の意味など、そんなものはなにもない。そして人間の一生もまた、なんの役にも立たないのだ。……生も無意味、死

もまた無意味なのだ。フィリップは、かつて少年時代、神への信仰という重荷が、その肩から除かれた時、それこそ心の底からの喜びを、感じたものだったが、今もまたその喜びに酔った。今こそ責任の最後の重荷が、取り除かれたような気がした。そしてはじめて、完全な自由を感じたのだった」(中野好夫訳、新潮文庫、第四分冊、p.127)。つづいてフィリップ（＝モーム）は次のようにいう。「彼の存在の無意味さが、かえって一種の力に変った」(同)。私（渋谷）は本書の初版を1994年に出版したあと2002年にモームのこの作品を読んだのだが、「人生に意味はない、＜だから＞生きる」の先達者を発見して驚嘆した。同時に、この類型がけっして荒唐無稽なものでないと知って、安堵した。余談ながらこの小説の原題“Of Human Bondage”の邦訳は内容から判断して『人間のしがらみ』とした方がいいと思う。

具体的にはどうであろうか。極端な例を記せば、賄賂《わいろ》で一国の首相に成り上がったはてに監獄で人生を終えようとも、人類のあらゆる隷属からの解放を理想とする革命党員として一生を最底辺の労働者としてすごすことに甘んじようとも、隣人や社会に背を向けながらマイホーム主義に徹して平穏な老後を楽しもうとも、いずれであれ「気兼ねはいらない」のである。ただし一つだけ条件がある。それは他でもない、〈宇宙論的ニヒリズム〉の真理を噛みしめたうえで、〈だから〉そのように生きる、と自覚的に選択することである。

【付記】　お気づきのように、本章に示した九つの人生類型は単独でも成立するが、二つないしそれ以上を組み合わせた複合類型も考えられる。例えば「悪魔主義」と「宗教」の組合せ（一九九四年三月に地下鉄サリン事件を起こしたオウム真理教は、その実例といえるだろう）、とか。他の組合せについては読者一人一人が想像（ないし実践）してみていただきたい。

おわりに

われわれは「花々の無罪性」、すなわち人生の無限の可能性の境位に到達した。すると過去の全歴史の有名・無名の膨大な人間業《わざ》のすべてが、「ありうる（ありえた）人生」として肯定されるであろう。「べからざる人生」など一つもなかったし、いまもないし、今後もないのだ。

法王アレッサンドロ六世の長男にして、美しい妹ルクレチアを何度も政略結婚の駒に使ったことでも悪名の高いチェーザレ・ボルジア（1475–1507）は、武力によるイタリア統一の実現の途上で敗死した。マキァヴェッリはその夭折《ようせつ》を悼《いた》みながら『君主論』を書いたといわれている（1513）。そのチェーザレの精鋭軍の軍旗には「Aut Caesar aut *nihil*」（Caesar か無か）と刺繍されていたという*。Caesar とは、カエサル（ジュリアス・シーザー）の名であり、「皇帝」の意でもあり、またチェーザレ自身の名を指す。だからこの標語は第一に外に向かって、「チェーザレに従うか、それとも死か」という恫喝《どうかつ》を意味したであろう。だが第二に、自分自身に向かっては「皇帝〔カエサル〕か無か」という己れの野心的な人生観を（密かに）籠めていたはずだ。

＊　塩野七生『チェーザレ・ボルジア　あるいは優雅なる冷酷』新潮文庫、p.257。

その彼は結局、「皇帝」となる数歩手前で「無」に帰ったのであった。彼の行動の軌跡はわれわれの分類からすれば、Aイの「悪魔主義」に近いだろう。だが彼のこの標語は、〈宇宙論的ニヒリズム〉に立脚する人生態度を端的に象徴する文字どおりの旗印であったと見なすことができよう。――

私はこの論考を、天文学の知見から説きおこした。そこで最後も天文学者の言葉に耳を傾けることにしたい。ゲージ理論（電弱統一理論（p.20、参照））の提唱者の一人であるS.ワインバーグは、初心者向けの科学書『宇宙創成 はじめの三分間』の末尾で次のように述べる。「宇宙を理解しようとする努力は、人間の生活を道化芝居の水準からほんの少し引き上げ、それに悲劇の優雅さをわずかに添える非常に数少ないことの一つである。」*――ワインバーグはまず、元来われわれは素《す》のままの実人生を送っているわけではなく、人生は芝居にすぎない、と語っている。しかもそれは大まじめな芝居でなくてもともと道化芝居なのだ**。ところでこの本書第一部では、宇宙における人間の位置の理解から出発して〈宇宙論的ニヒリズム〉という帰結に到達した。その観点から多くの人生の類型を検討してきた。だがだからといって、われわれの人生が道化芝居から脱却するわけではない。ワインバーグのいい回しにならうとすれば、ただそれに「悲劇の優雅さ」がわずかに添えられるだけなのだ。つまりこれまでの、どたばたで滑稽なだけの道化芝居が、やや陰影のある道化芝居にほんの少し変容するにすぎない、ということだ。

＊　小尾信彌訳、ダイヤモンド社、p.194。

＊＊　p.69注に引用したマクベスの「明日、また明日……」の独白を再度参照。

　ではわれわれは今後この、悲劇の優雅さが加味された道化芝居をどのように演じ切るのがよいか。チェーザレのようにか、尾崎放哉のようにか。ドン・ジョヴァンニのようにか、それともアドルフ・ヒトラーのようにか……。――ここからはじめて〈はじめに〉で触れた、「どのように生きるべきか」という問いが、われわれ一人一人にとって真に問題となるであろう。この問いはまた、人間を巡るさまざまな（絶対的ならざる）相対的な諸価値をどのように創出し、どのように体系づけるか、という課題につながっていく。さらにその先に、「人間とは何か」という究極的な問いが横たわっている。だがこれらの課題や問いは、この本書第一部の任務の先にある。問題は始まったばかりだ。

第二部

宗教とは何か

死海文書（旧約聖書・イザヤ書）

I　宗教と自由

はじめに――科学・信仰・宗教――

少しでも自覚的に己れの人生を生きている者は、必ずなんらかの信仰を持って生きているであろう。私の信仰は、現代自然科学からの知見に依拠した唯物論である。したがって、私は無神論（無宗教）である。他方、人間観としてはカントからの影響が強い。ゆえに当然、宗教観としても彼から学ぶところが大きい。唯物論とカントの人間哲学――この二つの契機から、以下どのような宗教論が展開されるかは、多くの読者にはすでに或る程度見当がおつきになるであろう。つまり私としては、それほど斬新《ざんしん》な考えを持ち合わせているわけではない。

とはいえ、私は常識とはやや異なる言葉遣《づか》いをするので、それについてここで前もって一、二、説明を施《ほどこ》したうえで承知を得ておきたい。まず、「科学」と「科学主義」とは違うということ。私の場合、「科学主義」と唯物論（唯物主義）とをほぼ同義に扱う。つまり「科学主義」とはすでに一つの〈信仰〉である、ということである。――このことを逆からいえば、有神論の立場に立つ場合でも、人は多かれ少なかれ（「科学主義」でなく）「科学」なら容認するはずだ、ということになる（今や、どんなに強固なキリスト教信者でも、地動説を否定する人はおるまい*）。だが有神論は、根本において「非科学主義」ないし「反科学主義」であるし、あらねばならないだろう。

＊　実はこれとても簡単ではない。例えば、神の代理人たる法王が或るときから地動説をお認めになったから、私も地動説を神の真理の一つとして認めるのだ、というもののいい方がありうるからだ。この論法から判るように、そもそも有神論者が科学的真理をどこまで科学上の真理として認定するかが大問題である。ちなみにローマ法王が地動説を科学的定説として承認し、ガリレイたちの名誉を回復させたのは1992年であった。ついで1996年、ダーウィンの進化論についても同様の評価変更の英断を下した。

第二に、そしてこちらの方がより重要なのであるが、「宗教」と「信仰」とをカテゴリー的に区別したい（すでに冒頭においてそのつもりで使い分けていたのだが）。つまり、宗教も無宗教（無神論、唯物論、科学主義）もともに信仰である点では同じである、ということ。だから、宗教は一つの信仰であるが、信仰は宗教に限られるわけではない。宗教とは宗教的信仰のことであり、唯物論とは唯物論的信仰のことである。用語法として、信、信仰、信《しん》憑《ぴょう》、信条、信念、主義、確信、等を（すべてではないにしても）区別すべきだ、という考え方もできるであろうが、私はあえてこれらを一括して捉えたい*。その意図するところは、一定の根拠とともに以下の行論のなかで自ずと明らかになるであろう。

＊横文字でいえば、belief（英）ないしGlaube（独）に一括することになろうか。

なおもう一点、以下唯物論という場合、それは無目的論ないし機械論、さらには還元論を含意する。これもどうやら唯物論に一般的なことではないようなので、私の唯物論に特徴的であるにすぎない性格としてあらかじめ断わっておきたい*。

＊　とくに生物学、宇宙論において問題となる。還元論に対立する立場としては、生物学では、古くは物活論、生気論、現在でも各種の合目的性の原理の導入の試み、有機体論、全体論などがある。宇宙論においても最近「人間性原理」が提唱されているが、これも一種の合目的性原理といえる（p.45注、参照）。

§1　why と how

いきなり私の独断を述べ立てるようで恐縮であるが、人間の本質の一つとして、次のようにいえると思う。すなわち、人間とは意味を求める存在である、と*。それはどういうことか、またなぜそうなのか（どうしてなのか）、そこから何が不可避的に導かれるか、を以下考究していきたい。

＊　J.-P. サルトルは次のようにいう。「人間存在は、意味づける存在である」（『存在と無』松浪信三郎訳、人文書院、第三分冊、p.239）。だが意味づけるとは、その前に意味を求めるということがあったうえでの話であろう。

すでに本書第一部Vで詳しく議論したように、〈意味〉の意味を二つに分けることができる。すなわち、根拠づけと意義づけ、とにである。人間は一方で過去からの根拠づけを支えとして現在を安心して生きることができる。他方人間は、未来への意義づけを見いだすことによって初めて希望（有望）を抱きながら現在を生きることができる。反対にこれらが得られないときには、人間は（過去からの）不安と（未来への）絶望に陥る*。このことは個々人の人生についてもいえることであるし、なんらかの集団についても、人類全体に関してもいえることであろう。

＊　第二部でも以後これらの言葉を基本的にはこのように用いるが、もちろん〈将来についての不安〉というようなもののいい方を否定するつもりはない。

したがって、これらの組合せは四つあった。〈過去からは安心を得、未来には希望を抱く〉(当然これがいちばん望ましい)、次に〈過去に不安を覚えつつも、未来には希望を持って生きる〉、逆に〈安心はあるが、しかし未来は絶望〉、最後に〈不安かつ絶望〉(最悪の組合せ) である。一例だけ確認すれば、孤児が必死に親を探しながらもなんとか前向きに人生を送ろうとする姿は、二番目の組合せである (「根拠あれ、せめて意義あれかし」)。ところで、そもそも人間はどうしてこの根拠づけ、意義づけを求めようとし、求めることができるのであろうか。——これは第一部では議論しなかった新しい論点である。以下この点を検討しよう。

さて人間はどの言語にも共通して、次の疑問詞を持っている。それは、英語で示すとすればwhy, how, what の三つである。私見によれば、これらは総じて人間の目的的行為 (目的定立実現活動) に関わって使用されてきた。目的的行為とは、ごく簡単に復習すれば、或る意図をもってあらかじめ目的を立て、次に手段条件を整え、しかるのちに実際に実行し、さらには (一回で所期の目的が達成されないときには) 手段ないし目的そのものを修正する、ということである (本書第一部、p.55、参照)。why はこのうちの目的、意図、動機、理由を問う疑問詞であり、how は手段、方法、プロセスを問う疑問詞であり、what は目的として目指す対象、あるいは手段としての道具等を問う疑問詞である。how については問いそのものとしてはさほど難しいところはない (たといどんなに人類史においてこの手段と条件の整備のところで実際的な苦労・挫折が積み重ねられてきたにしても)。how が問おうとするものはことごとく実在的なものであって、具体的だからである。同様に what も問いとしては明瞭である。

問題は why のところにある。まず、この問いの形式は二様に使われる、という事情がある。〈ア〉誰かがなんらかの合目的的行為をなしているときに、それの目的そのもの(理由、意図)を問う場合(「君はなぜ教育学部を受験するの?」「小学校の先生になりたいからです」)。〈イ〉定立された目的の背後にある動機(きっかけ)を問う場合(「なぜ先生になりたいの?」「子供が好きだからです」)。大事な点は、どちらも目に見えない観念的なものを答えとして要求している、ということである。〈ア〉については、答えは具体的ではないかと思われるかもしれないが、この例の場合「先生になる」のは当分先の話であって、この受験生の頭のなかにある観念にすぎない。総じて人間の目的的行為においてあらかじめ定立された目的は、未来のこととして必ず観念である。ましてやその背後にある動機・願望などが観念であることは、自明であろう。

加えて次の事情を考慮しなければならない。それは、人は「なぜ」と問うときには、実際には〈ア〉と〈イ〉とをあまり明瞭に区別していない、ということである。つまり大概の場合、「なぜ」という問いは、相手の人間が(たといそれがほんの直前であろうとも)一定の過去においてどのような意図の下に未来に向かってどのような目的を立てたのか、という問いである。ここからは、(過去からの)根拠づけと(未来への)意義づけの同等視ないし混同が導かれるであろう。

これと密接しつつも第三に、過去から（現在を通って）未来へと流れる（いわば）正の時間意識と、未来から現在を規定し返す未来意識（いわば逆時間意識）との重なりが指摘できる。つまり、過去の決意が現在を通りこして未来を規定し（目的定立）、それが逆向きに現在を規定する(合目的的行為)からだ。とはいえ〈**ア**〉と〈**イ**〉の例の限りでは二つの時間とも目的的行為の局面で語られている。ところで正の時間意識は、(結局のところ）いわゆる機械的物理的因果連関に関わるのに対して、逆時間意識はどこまでも目的的因果にのみ関わる。ゆえに、もしこれら二つの逆向きでかつ異種の時間意識を無反省に重ねあわせるとすれば、客観的な因果関係を問う問いと、主体（観）的な根拠ないし理由*を問う問いとの混乱が導かれるだろう。この点にはのちにもう一度触れる（p.133 以下、参照）。

*　ここでは上にも述べたように、根拠と理由とはともに目的連関のなかにある。ただし〈過去からの根拠づけ〉は、常に人間の過去における目的定立に遡《さかのぼ》るとは限らない。先に示した孤児の例で判るように、(これを逆にいえば）両親が揃っている、という（機械因果的な）事実が現在の生にとって(過去からの)安心を意味することもありうるからだ(本書 p.61、参照)。

さらには why と how の区別の曖昧《あいまい》さが指摘される。ひとつ、ありふれた言葉遣いとして、「どうして？」という日本語があるが、これは、「なぜ why」の意味（行為の目的ないし動機を問う）と「どのようにして how」の意味（行為の方法、プロセスを問う）の両方で使われるし、またしばしばこれら二つが未分化に意味されている、という事実がある*。この点も、のちの議論のなかで一つの役割を果たすことになる。

*　面白いことに、辞書によれば英語の how にも「どのようにして」

のほかに「なぜ」の意味があるようだ。してみるとこの未分化は、人類の言語能力において先天的に普遍的なものなのだろうか。

ここで、why と how をめぐるいっそう重要な事情を検討しよう。ともに人間の目的的行為をめぐって発せられるかぎりにおいても、上記のように幾つかの点で不分明さが生じるのであったが、加えて次の点が重要である。それは、人間は自由な振る舞い（目的定立実現活動）に習熟することによって、この二つの問いの形式を普遍化し、人間的行為に関わらない世界の客観的事物にむかっても転用する、という事情である（世界に対する知的関心）。例えば、①「なぜ（why）扇状地はできるのか」とか、②「どのようにして（how）太陽系は形成されたか」、と*。

＊　what についても同様の事情があるであろうが、これについてはこれ以降は問題としない。なお人類の（世界に対する）理論的な関心は目的的関心とは独立に先天的なものか、それとも後者から初めて進化的に芽生えたのか、については検討を要するだろう。私は前者の仮説に傾いているが、いずれにせよ人類史の大部分の局面においては、理論的関心が実際上は目的的関心に連動していたことは事実であろう。

②については、問題はない。というのは、人間の行為の諸局面も、（意義づけ、目的連関としては未来から規定されているにしても）自然現象と同様に機械的因果連関のなかにあるからである。だからこそ人間は、己れの行為の手段・条件の整備の段階において科学や客観的知識を総動員しうるのである。つまり、目的的行為の手段・方法の局面と客観的事物の因果連鎖（先の例では太陽系の形成）との同一視からは、なんら問題は生じない。

だがこの自然現象の過程の、その根拠を問う段になると問題が生じるだろう。すなわち、①のもののいい方には無視できない問題が潜んでいるのだ。この問いは自然現象の「根拠」すなわち原因を問うているのであるが、その原因は科学的見地からいえば全面的に機械的因果連関のなかにあるはずである（と私は考える）。その因果連関のなかの特定の結節点を原因と呼ぶからである。ところが人間の目的的行為は、これとは正反対に、未来から現在への規定であった（目的的因果）。ここに、上記の how の場合とは異なって、同じ why という疑問詞を人間の自由と事物の現象（ここでは扇状地の形成）とに混用することの重大な問題性が指摘される。つまり機械的因果連鎖と目的的因果関係とを峻別《しゅんべつ》するためには、自然現象に関しては「なぜ」という疑問詞を使うことは元来は注意深く避けるべきであろう。あくまで扇状地の形成は（太陽系の形成の例と同様に）「どのようにして」と問われるべきである。だが先に触れたように、人間には目的的行為をめぐって「なぜ」と「どのようにして」のごちゃまぜがあった（「どうして？」）。これがここにも及ぶことによって、自然現象に関しても how と why の混用・転用はどうしても或る程度は避けられない。

とはいえこの程度の段階であれば、自然科学者の立場からすればさほどの問題は生じない。なぜならば彼ら／彼女ら（①の例でいえば地球物理学者）は「なぜ」と問いつつも、実際には（科学者としては）確かに間違いなく「どのようにして」を探究しているからである*。

*　社会科学の場合には事情は異なる。それは、社会科学は人間の目的的行為の総体が対象となるからである。だからこの場合、「なぜ」と問うことにも一定の意味があるし、したがって語の誤用とはいえない。例えば、「日本はあのときなぜ十五年戦争に突入したのか」、とか。

なお why にはもう一つ、論理的根拠を問う際に用いられる用法もある。例えば、ある数学の定理について「なぜそのようにいえるのか、証明せよ」という風に。だがこの用法はさしあたってここでの議論に影響しないので、以後問題としない。

しかし自然科学者ならぬわれわれ普通の人間は（さらには普通の人間であるかぎりの自然科学者は）、この点をめぐってしばしば大きな思い違いを犯すのではなかろうか。というのは、われわれは次のような〈発想のずらし〉を容易に犯しがちであるからである。すなわち、事が自然現象に関わるにもかかわらず、まずそれを how で問わず why で問い（why と how の混同からくる転用）、その結果、機械的因果で説明されるべき事柄に目的因を要求する、という〈ずらし〉である*（前記　p.132、参照）。

*　これを意識的に要求するのが、カントの統整的原理としての（生物学における）合目的性の概念である（『判断力批判』第二部「目的論的判断力の批判」）。

この〈ずらし〉は厳しくいえば（人間が陥りがちな）誤謬というべきであるが（のちの議論との関連で**誤謬（その1）**とする）、これのはてはどこに通じるか。節を改めて考えてみよう。

§2　有限と無限

私は前節で、人間が本来己れの目的的行為をめぐって発していた「なぜ」（意図、目的）と「どのようにして」（方法）という疑問詞を普遍化することによって、事物の根拠と因果へと転用する様を確認した。厳しくいえばこれは（第一の）誤りであるが、しかしここに留まるかぎり比較的誤りの程度は軽い。

ここでもうひとつ、why と how をめぐる問題と平行して、宗教ないし信仰一般を考えるうえで重要な契機として、どうしても人間をめぐる有限と無限の問題を考察しなければならない。一方に、絶対、完全、普遍、完璧、無限、純粋、全体、究極、極限（極大、極小）、永遠、理想（理念）、無条件（無制約）、一般、といった概念がある。他方これらに対して、相対、不完全、特殊個別、有限、部分、条件（制約）、といった言葉がある。人間はこれらの対語《ついご》群とどのような関係を有しているであろうか。

カントが精緻に議論しているように、人間は思惟能力としては、すなわち形式の面では無限を思いめぐらすことができるが、他方実人生の現実においては、すなわち実質ないし質料の面では有限である。確かに時間的にも（寿命はせいぜい八十年）、空間的にも（同時に離れた二つ以上の場所にいることはできない）人間はきわめて制限された存在であるというだけでなく、その限られた時空のなかにおいてさらに様々な限界、失意、挫折、妥協を経験せざるをえない。ここに、有限に苦しみながら無限を欲する、という人間の姿が浮かびあがってくる*。――もし神という存在が実在するとして、かつ、いわれるように万能であってあらゆる点で完全無欠であれば、神はいわば無限性のなかで自足しており、無限と有限をめぐる人間的な悩みをいっさい抱かないはずであるから、神が無限を欲することはなかろう。反対に、人間を除く（この地球上の）他の動物たち以下の物質存在にとっては、そもそもその存在をめぐって即自的な有限性しかありえず、したがって有限性のなかで自足しているのであるから、それらにも無限への欲求はないであろう。このようにして、古来いわれているように、ひとりこれら両者のあいだに挟まれた「中間的」存在者としての人間にのみ、無限性への希求は必然となる。――ここまでは常識に属する議論であった。本節における固有の課題は、無限と有限の矛盾と、先述の why, how による〈意味〉をめぐる人間的問いかけとの絡《からま》りあいから、どのようにして宗教という信仰が必然的に生成するか、その論理を探究することである。

＊　カント『純粋理性批判』「弁証論」参照。カントよりも前に、デカルトがこの点について、「誤謬」とは、片や人間の〈知性〉は有限しか認識できないのに他方〈意志〉は無限を欲することができるという落差から生じる、と論じている（『省察』三木清訳、岩波文庫、p.83）。

先に人間は形式としては無限を思惟しうると述べたが、人間と無限との関係はこれだけではない。人間がもついわゆる〈知情意〉の三つの精神的な働きでいえば、知（思惟）のみならず加えて情意ともに無限を志向しうるし、その前提として、われわれは時間空間についても無限を思念することができる。すなわち、人間は時間意識、空間意識、概念能力（思惟）、感情（情念）、意欲のあらゆる局面において無限、完全、絶対、等を思念することができる。例えば、何かについて知り尽くしたい、という知的好奇心もあるだろう（知）。また、人間は常に内面の情念から湧きでる「夢を見」ながら生きているものだが、いつしかその夢は絶対化され理想化されているであろう（情）。地上のあらゆる栄華を一身に身に浴びたい、という意欲に導かれて人生を貫くというのも、歴史上よく見られる話だ（意）。――とはいえ、これらの根底にはやはり理性の本性としての無限への欲求が横たわっている、ということを剔抉《てつけつ》した点がカントの批判哲学の功績であった。

すると、己れの自由な振る舞いに習熟した人間どもが、why と how という疑問詞によって人生と世界に向かって懐疑を向けたとき、そこにはどうしても無限性が絡んでくるであろう。ところで人間的行為の範囲内においては、why にしても how にしても、問えば大概は答えが得られるものだ。そこで人間は無限性への問いにおいても、あくまで応答を要求することになるだろう。しかしながらこの要求に限って満たされない。人間は実質的にはあくまで有限だからである。「究極的なもの、絶対的なもの」を問いつづけても、けっして答えは与えられないのである（カミュのいう「不条理」、本書第一部 p.110 以下、参照）。

だがここで無限への渇望を断念することは難しい。すると残る道は、なんらかの代替措置によって答えを自分で用意するほかはなかろう。しかも人間にはそれができるのだ。つまり、無限を思惟しうる人間は、まず第一に無限性への問いを発し、ついで第二に（自前の）観念としての無限を回答としてこれにあてがうことができるのである。――結局、宗教に限らず信仰一般とはこのようにして定位した〈無限的なるもの〉を人間が己れの世界観の根底に置くこと、を意味する。

その場合、前節での複雑な事情を背景にしつつも事態を単純化していえば、why の系列において絶対的・究極的な根拠ないし意義を問う営みから、宗教的信仰が生まれ、how の系列において無限背進的・無限進行的な原因ないし結果を問う営みから、「科学主義」的信仰（唯物論）が生まれる、と私は考える。ここで（唯物論と比較したときの）宗教の特徴として、〈絶対的なもの〉を人格的な存在者として定立するゆえに（神の問題、後述）、そこでは必ず目的因が主導原理として支配する。これに対して唯物論では、〈絶対的なもの〉を非人格的なものとして定立するゆえに、すべてが機械因に収斂《しゅうれん》する（と私は思う）。ちなみに、ではこれら両者と比較して、「科学」とは何であるかといえば、事物の因果（how）と本質（what）についてどこかで（任意に）区切りをつけて、それらをその範囲内で解明する作業である、といえよう（対象と方法の限定）*。

＊　したがって科学はどこまでも仮説（仮言的言明）という性格を帯びる。どんな科学的「定説」であっても、無条件に絶対的に妥当することはありえず、必ず一定の範囲、条件の下でのみ妥当するからである（例えばアインシュタインの相対性理論にしても量子力学の不確定性原理にしても）。

これからのちは、議論をもっぱら宗教に絞ろう。

さて、人間にとって最も切実な問題は何であろうか。もちろん己れの人生である。生物として考えてみると、自分の生存に最大限の努力と注意を向けるのでない生物は、進化の過程で淘汰されたであろう*。結局話は、人間という存在者をめぐっての現実の有限性という地点に戻ってきた。

＊　読者はこのものの いい方を科学的な言辞ととるか、唯物論の立場からの独断ととるか。問題は、人間は他の生物と連続している（ヒトは猿から進化した）と認めるかどうかに掛かっている（本書第一部、p.31以下、参照）。

では人間をめぐる現実はどうであろうか。もう一度事実を確認するとすれば、それは快･不快、成功･失敗、満足･不満足、幸福･不幸、喜び・悲嘆の奔流である。しかもこれらの対《つい》における構成比は、圧倒的に後者が優勢を占める（すなわち、失敗、失意、不幸、など）。一人の人生についてもそうであるし、或る時代、或る社会に生きる人間のうち、幸福な者とそうでない者との割合についていってもそうであろう。このことは客観的にもいえるであろうが、個々人の主観的な判断としてはいっそう当てはまるであろう。二十万年前に生きていた旧人たちにしてもそうであったろう。今から四千年前、アブラハムがヘブル人を率いてメソポタミアからパレスチナへ移住したといい伝えられているが、彼らにとってもそうであったろう。アンシャンレジーム下のフランス農民についてもそうであったろう。日本に侵略されていたときの中国の農民やインドシナ人民においてもそうであったろう。……現在生きている全世界の人間にしても同様である。われわれも例外ではありえない。

まず、食べなければならない（アフリカの飢饉）。「人はパンのみにて生きるにあらず」という『旧約聖書』の言葉（『申命記』第８章第３節）は、普遍的な真理である。しかしこの教えは、とりあえずパンが用意されている状況においてこそ聞き入れられたであろう。そうでなかったら、人々は「パンをよこせ」と叫ぶであろう（フランス革命前夜）。ここで、人類史における人間の苦しみの九十九％は食物をめぐってのそれであった、といってもけっして誇張ではないはずだ。若きマルクスが『ドイツ・イデオロギー』で強調したこともこの当たり前のことの確認にすぎない。彼の史的唯物論の出発点はごく素朴なものであったのだ。――この食糧確保の問題の延長上に、不順な天候についての悩み、動物や植物の生命力の崇拝、総じて自然への畏怖が位置づけられる。

食物の心配とは別に、人間には（も）生命への執着がある。そもそも食糧問題はこの悩みの系であるともいえる。それにしても、自然の寿命そのものとてけっして十分とは思われないのに、人はしばしば不慮の死をこうむる、天災や戦争、さまざまな事故によって*。

＊　現在地球上に、毎年必ず一万人前後の生命が交通事故によって失われている国がある（七千人を切ったという統計発表は、事故発生後24

時間以内に死亡した者の数のことだ)。ところがその国の政府にしても国民にしても、交通事故に対して(だけ)は真剣な対策を立てているとは思えない。他方、例外なくどの車にも成田山などのお札がぶらさがっている。まるで交通事故は人為的な犯罪ではなくて、天災であるから、あとは神様(宗教)にすがるほかはない、とでもいうように。

人間の悩みのもうひとつの要因は、社会における人間関係である。だが社会とはもともと、やはり食物の効率的な確保と分配の淘汰圧から形成されてきたはずだ。想像するところ人類社会の黎《れい》明《めい》期においては、原始人たちにとって、類人猿におけるハレム婚(一、二頭の雄と五〜七頭の雌、およびその仔ども)から男女それぞれ同数の原始バンド(群)へと移行したことは、たいへんな軋轢《あつれき》をもたらしたであろう(本書第一部Ⅲ、参照)。そののち人間はずっと男女の間柄の問題で悩みつづけてきた*。他方、現代の若者たちが自分の社会的地位に慢性的に満足していないことは、各種の転職雑誌の隆盛からだけでも窺《うかが》うことができる。さらに、いじめ、老人問題、窓際族、派閥争い、万年助手の悲哀、コミュニケーション不全症候群、等々。

* 近年或る宗派の集団結婚が話題となったが、これを非難する声が多い。私も基本的には批判的であるが、反面次のようにも考えられる。あの集団結婚の場合、数年後には半分以上の「夫婦」が事実上うまくいかなくなるという。だから不幸をもたらすだけだ、というのが非難の理由の一つである。しかしそうであってどうしていけないのか。あの集団結婚に参加しないならば、一生異性と巡りあわないで終わるかもしれない男女が当事者の大多数なのではなかろうか。とすれば、彼ら/彼女らは、たとい早々からうまくいかなくなるにしても、これによってともかく三十年後に他者および自分自身に向かって、「私も一度は結婚したことがあるのよ」といえるだけの「幸せ」を得たのではなかろうか。われわれは彼ら/彼女らにもっと同情(共苦)できるはずだ。つまり、あの宗教

的運動は、人類に普遍的な一つの夢と希望に依拠しているのであるから、極めて必然的（必要的）なものである、ということである。――こうしたもののいい方が酷《むご》いと感じる人は、偽善的である。

ただしこの宗派の果たしている政治的社会的役割については、自ずと別の判断になる（例えば、霊感商法による法外に高額な高麗壺の販売、等）。念のため。

これらもろもろの苦悩の果てに、人間は「なぜ生きるのか、生きねばならぬのか？」という根本的な問いに突き当たったであろう。言葉を換えていえば、総じて人間は己れの生の営みを明確に根拠づけ、意義づけたいと願うものである。このとき、「生まれぬがよかった」というデュオニソスの従者シレノスのニヒリズムの囁《ささや》きが誰の耳にも聞こえてくる（ニーチェ『悲劇の誕生』三。本書第一部VI p.73、参照）。

だから本書第一部Vで論じたように、先に触れた安心と不安、希望と絶望の四つの組合せのうち、最も無縁と思えた〈不安と絶望〉の組合せが、ほかならぬ人類そのものに逃れようもなく妥当するのではなかろうか。つまり、人間はみな根拠なく生まれ、意義なく死滅するのではないだろうか。人はこれを従容《しょうよう》として受け入れる（すっきりとアキラメル）ことができるだろうか。アキラメルためにはどうしたらよいであろうか。

人生の限界についてこれ以上確認する必要はなかろう。次節ではこれまでの議論をふまえて、もう一歩宗教について考えを進めたい。

§3　神とは何か

人間はこうした自分たちの有限で望みのない有様を目《ま》のあたりにしつつ、他方無限への憧れを抱くことによって、どういう境位に導かれるであろうか。それがどのようなものであれ、そこには二つの契機があるであろう。(a) なんらかの意味で現状について「アキラメ」ながら生き長らえること。(b) その代償として、何か絶対的な根拠（安心）ないし意義（希望）を得ること。これを逆にしていってもよい――そうした根拠、意義を支えとして、現実を「アキラメル」ことができる、と。

(a) は、言葉を換えていえば、〈偶然の必然化〉である。これも〈有限を無限化する試み〉の一つの系である（偶然は有限であり、必然は絶対に通じるから）。人間はこの操作によって無意味を有意味化する。例えば自分の夫が飛行機事故で死んだとすると、このアクシデント（偶然！）をどう受けとめたらよいであろうか。一般に、不幸に陥った人間が自分の限界をかこちつつ、「他の可能性（幸福）はどこに消えたのか？」と嘆いているうちは「アキラメタ」とはいえないであろう。一方、多くの人間は結局は己れの恵まれない境遇を「これも他のようにはありえなかったのだ」とつぶやくことによって、慰撫《いぶ》するのである*。

*　実はこのつぶやきは真実を言い当てていることが多いのであるが（必然ということ）、つぶやいている本人はなかなかそうは思い切れない、というところがミソである。だから、仏教でいう悟達《ごだつ》が、一種の必然性の（透徹《とうてつ》した）洞察であるとするならば、確かにあれは究極の「諦《あきら》め」であろう。そしてそれが究極であるがゆえに、生身の人間には到達できるものではないであろう、と私はアキラメている。

ただしこの〈偶然の必然化〉は、必ずしも不幸な現状の追認だけに施されるわけではない。例えば、若い男女がそれぞれ自分の相手をこの人でしかありえない異性として絶対化するとき、当然二人は自分たちの出会い（邂逅《かいこう》＝遇＝偶！）を必然的なものだったと思い込もうとするであろう＊（それぞれの初恋、または『ロミオとジュリエット』）。

＊　私はこれを、〈運命の宿命化〉とも呼ぶ。運命は偶然的であるのに対して、宿命とは、前世からの因縁といい換えられるようになんらか必然的なニュアンスを伴っているからである（宿の字にも注目）。

これと連関して、次の事情を深く噛みしめることも重要である。すなわち、人は誰でも現実に少なくとも一度は幸福に与《あず》かるものではなかろうか。だがそれはたいてい、ほんのひとときで過ぎ去ってしまうものである。その思い出を永遠化（一つの絶対化）することによって心の支えとしつつ、以後の人生を生きていく人も多いはずだ（例えば、戦争未亡人にとっての新婚時代の夫の凛々《りり》しい軍服姿）。ところで、ただの一回だけの幸福のためにも過去から未来にかけての全永遠が必要だったのだ、と書き残したのはニーチェであった（永遠回帰の思想）。ともあれどちらに転んでも、〈偶然の必然化〉は人間に現状肯定（アキラメ）をもたらしてくれるのである。

(b) にはまたいくつかの類型があるように思われる。一つは、この世での救済を願うものである。例えば、『旧約聖書』を部族宗教として読むかぎり、ユダヤ教がその典型である。第二には、そしてこちらの方が普遍的に見られるのであるが、あの世に救済を求める類型である。現実は有限で無意味と諦めたうえで、彼岸に完全性・有意味性を期待するのである。——もちろん二つの型が複合した形態もありうるであろう(仏の還相《げんそう》の待望など)。だが、どちらにしても非現実的なものへの期待である、という点で共通している。片やまだ来ぬこの世の栄光を望む（本来の意味でのメシヤ待望論）のに対し、他方はこの世ならぬあの世における救済を望むからである*。

* 現世利益《りやく》を前面に押し出す宗教は、第一の類型の弛緩《しかん》した形態であろう。とはいえ、この種の宗教にすがろうとする人々の思いも切実である。先天的な小児マヒの子供に今すぐ治ってほしいと願って新興宗教に入信する両親を、非科学的だと批判することは誰にもできない。

ところでこれまで主題的に論じてこなかったこととして、神の問題が残っている。上記の (a) の現状へのアキラメにしても (b) の絶対的な安心と希望にしても、神が登場しないかぎり話にならないであろう。それでは神とは、どのようなものとして捉えられるであろうか。

これまでの行論から明らかなように、私の立場からいえば、神とは絶対的なものの根拠、ないし絶対者そのものである。また彼は超越者であり、全知であり、万能でもあるだろう。いい換えれば、神とは、世界と人生に関する why の問いへの、絶対的な回答としての完全なる存在者である。そして why とは、もともとは人間の目的的行為における意図ないし目的を問う日常的な疑問詞であった。そこでここで改めて、このありふれた問いに対する答にまつわる特徴を確認してみよう（以下、例えば大学受験を念頭に置きながら辿っていただきたい)。

① 始原と終局が明確に区切られる。つまり、(或る意図を背景に）或る目的を立てた時点（過去の一定の時点）と、その目的の意図された完成時（未来の一定の時点）とがはっきりしている。

② その間のすべての段階とその順序（目的実現のために何をなすべきか）が予めほぼ完全に明確に見通されうる。③ この問いへの回答としての、当の意図ないし定立された目的は、ともに先述のとおり観念的なものである。

これらの特徴と神の属性とを照らしあわせたとき、色濃い対応が見て取れるであろう。いまキリスト教の神観を例にとっていえば、①′ 天地創造から始まって最後の審判に至る、②′「神はすべてお見通し」、③′「すべては神の思召《おぼしめ》し」、というわけである。これは、人間の個々の意図への why を人生と自然の事象全般の根拠への why へと転用した結果、それを一手に引き受ける superman（超人）としての神が登場したことを意味する。super- というからには人間を超越していなければならない（有限に対して無限、等）。しかし super-man であるからにはその無限性は有限な人間的なものの無限性でなければならない*。

＊　この、人間を超えてしかも人間的、ということの象徴であるところに、イエスの存在意義がある（彼もいったんは人間と同様に死んだ）。

人間と神との類比を、もう一点別の角度から確認してみよう。再びカントの議論に依拠するとすれば、神には大別して三つの役割が指摘される。すなわち、創造神、秩序神、審判神である。神は自然に対して、一方で時空の形式を創造したうえでその秩序を保ち、他方で多様な質料（物質）を創造したうえでそれに多様な秩序を与え制御する。また神は人間に対しても、まず人間を創造した神として、次いで人間の世界（内面も含む）を秩序づける神として君臨しつつ、最後に人間のなす善悪の収支を決済する審判神として働く*。ところで神の有するこれら三つの性格は、人間の目的的な、しかし有限なふるまいが無限へと理想化されたものである、と指摘したのがフォイエルバッハであった（次章§4、参照）。

＊　仏教の場合このようにいえるかどうかは問題であろう。見方によっては、仏とは創造神でも秩序神でも審判神でもないだけでなく、そもそも超越神かどうかも怪しいからだ。この点で私の議論は、ヨーロッパ中心思想に毒されているのかもしれない。とはいえ、仏教が法（ダルマ）を世界の究極的な真理と見なすかぎり、この宗教にもここでの議論を当てはめることは基本的に許されるだろう。

why をこのように無限なものへと転用するのは（唯物論における how の同様な転用とともに）、厳密にいえば**誤謬（その二）**というべきであろう。そしてこの誤りの程度は深くまた根強い。なぜならば、ここに至って、先述の誤謬（その一）（p.132 以下、p.135）と結合して、機械的因果と目的的因果の混同が（前者を後者が包摂するという形で）究極化されるからだ。

だがそもそもこの〈ずらし〉は、人間の説明への飽くなき希求（知）、終わりのない憧れと恐れ（情）、目的実現への果てしない意欲（意）という人間の存在の特質に照らしてみた場合、人間にとって固有に自然な発想法なのではなかろうか（human nature 人間的自然＝人間性）。いい換えれば、この〈ずらし〉は人類の「意味への渇き」*に対する回答の欠如（独語で Not）→ゆえに必要（nötig）→ゆえに必然（notwendig）**→ゆえに人間にとって不可避的な（同じく notwendig）操作なのだ。それゆえ私は、これを**人類に必然的な類的自己欺瞞**と呼びたい***。これにはまったく非難めいた含みはない。つまり、宗教とは人間に最も固有な文化でありまた根深い（radikal）必然性を持つという意味で、人間の証しの随一のものということができよう（この種の自己欺瞞からこぼれるほんの若干の者は、how の方でほぼ同様の欺瞞

〔科学主義〕をもう一つの別の信仰の型として選ぶ、というだけのことだ)。

＊　竹内芳郎に宗教に関する同名の著書がある（『意味への渇き――宗教表象の記号学的考察』、筑摩書房）。

＊＊　Not を wenden する（逆向きにする→逆手に取る）。

＊＊＊　文芸批評家の T. イーグルトンはシェイクスピアの『夏の夜の夢』における二組の男女のもつれ合いを評して次のようにいう。「つまるところ問題になるのは、……イリュージョン〔幻想〕がうまく噛みあうかどうかなのだ」。だが人間にとって「イリュージョンほど真摯《しんし》なものはない」のであって、自らこの「虚構」ないし「欺瞞によって支配される」ことが、人間にとって「当然＝自然の《ナチュラル》」営みなのだ、と（『シェイクスピア　言語・欲望・貨幣』大橋洋一訳、平凡社、p.61 以下）。ここに述べられた限りで、宗教と恋愛とは人間の存在様式として同値であるといえよう。

これが〈**宗教の必然性（必要性）その一**〉である。というのは、私はこれに加えて人間の疎外状況との関係で宗教を捉えたいと思っているのであるが、それが〈**宗教の必然性（必要性）その二**〉を意味するからである（次章)。だがここで次の点を確認しておきたい。すなわち、私の把握が正しいのであれば、人類はたとい疎外状況を克服したとしても、いい換えればどんなに理想社会を築こうとも（例えば共産主義社会)、少なくとも死と人間関係におけるままならなさが存続する限り、最低限度の宗教的信仰は存在しつづけるであろう、ということである。つまり〈**宗教の必然性その一**〉は人類の最後の日まで持続するであろう（私見によれば、疎外自体が人類につきまといつづけるであろうから、〈**その二**〉も同様であろうが)。

神とは何か、が明らかになったところで、宗教を構成するに必要だと私が考える諸契機を列挙してみよう。

ア　開祖（**イ**以下を方向づける)。

イ　人格的な超越者（神）の定立と、それへの帰依（啓示信仰)。

ウ　聖典（開祖の行跡〔**ア**〕、神と人間との関係〔**イ**を指示〕、戒律等〔**エ**以下を規定〕を文章化したもの)。

エ　信者の組織。

オ　聖なる場所（神殿）および信者の集まる集会所。

カ　祭典、行事（毎日のお勤めから数年〜数十年に一度のものまで)。

キ　布教活動（同じ宗教信仰者を増やす)。

もう二点加えるとすれば、

ク　聖職者と一般信者との階層的分離。

ケ　**ウ**の聖典の釈義（正統派の確立）および弁神論（神はなぜ「悪」を容認するか)。

ただし、これらの諸契機がすべて集まっていなければ宗教といえない、というわけではない。例えば、日本に独特なキリスト教である無教会派は**オ**および**ク**を欠いている（実際にはそうでもないようであるが)。また**ア**を戴《いただ》かない宗教もあるだろう（ヒンドゥー教、日本神道、等)。そのほか、組合せは多用であるはずだ*。

＊　このように列挙してみて、改めて気がつくことは、**イ**を除きさえすればあとのすべての契機は自覚的な政治運動にもぴったり該当する、ということである（例えば共産主義運動)。しかもこの運動を支える**ウ**の文書（綱領）のなかに表明されている思想が、或る種の究極的なもの、絶対的な状態を理想として掲げており（理想とは一つの究極的な観念である)、しかもこれに指導者の個人崇拝が加わるならば、それが**イ**の役割を果たすと見なすことができるから、なおさらこの種の運動と宗教との記号学的親近性は疑いえないであろう。

以上で用意した考察もほぼ尽きた。あとは節を改めたうえで、改めて唯物論と宗教との間の寛容について少し考えてみたい。

おわりに――寛容の問題――

宗教も唯物論も、それぞれの世界観における究極的な真理・根拠に関しては、ともに同じ水準と質の「信仰」に依拠している、というのがこれまでの議論の基調であった。双方ともにその根拠を科学では証明できない、という点でまったく同質なのである。

とはいえ、これまでにも所々で示唆《しさ》してきたように、人間の本性からすれば宗教に傾くほうが自然であって、自覚的に唯物論を選ぶことは希有《けう》である、といえよう。それは、人間は（も）自然な性向として（種として）同じ仲間である他者への共感を得たいがゆえに、how よりも他の人間の意図（why）にいっそうの関心を寄せるからであろう。だから why の方の究極的な問い（＝絶対的な「意味」への問い）を「誤謬」としてアキラメたうえで、how の方の究極化（因果連鎖の絶対化）を選ぶ（これももう一つの「誤謬」なのだが）のは難しいのである。今後科学がさらに発達し、科学教育も豊かになっていくとしても、そのことに変わりはないだろう。確かに、科学や科学教育の発達によって迷信や明らさまな反科学的思惟は影をひそめるとしても、有限な人生の（究極的な）意味を問う欲求（why）は、それこそ人間がこの世に生存するあいだ中、けっして消えないであろう（p.148、参照）。

だが他方、純粋な宗教的信仰も極めて成立しがたく困難なもののようだ（例えば親鸞が託《かこ》つ「難信」を見よ）。とすれば、多くの人々はその中間に位置して、習慣としての（ノモスとしての）宗教に安住するか、なまくらな無神論で済ますか（困ったときだけの神頼み）、そのどちらかなのかもしれない。それはそれでまた違った意味で極めて人間的であるし、ほほえましささえ感じる。つまり、いい加減であることも人間には相応《ふさわ》しい、ということである（これにも皮肉はいっさいない）。

最後に一点、寛容ということでこれまで少々気になっていたことについて述べさせていただく。それは、己れの信じる宗教体系のなかに他の宗教や無神論の存在をきちっと位置づけることによって（一種の弁神論）、それでもってそれらの人々の信仰と存在を容認することがすなわち寛容ということだ、とする考えである*。確かにこれは、そのように考えないで他に対して頑《かたく》なに不寛容でありつづける態度よりははるかに勝れているといえよう（例えば、他宗教ないし他宗派の信者とか無神論者は人間ではなく悪魔の手先である、と見なすよりは）。しかし私はこうしたもののいい方にはどうも胡散《うさん》臭さを感じる。つまり、これは寛容の精神とは逆に、むしろ徹底した独善、自己を決定的な優位に置いたうえで劣位に位置づけられた他者への哀れみなのではなかろうか。裏面からいえば、（他の宗教であれ無神論であれ）相手の信仰と自分の信仰との等質性をまったく認めていないのだ。——私としては、心から神に救済されたいと願い信じている人と、同じく心の底から神はいないと信じている自分とは、同じ人間として対等な同志である、と思いたい。

*　竹内芳郎、前掲書、p.372、参照。そこには「今日の『解放の神学』でも、無宗教のみならず異教をも神の贈り物としてこれと誠実に対話してゆく姿勢が急速に高まり、……」とある（傍点・渋谷）。竹内はこの態度を宗教の側の寛容の代表例として全面的に評価している（他にp.321、参

照)。なおこの著作は、ここでの指摘にもかかわらず、全体としては極めて優れた(唯物論の見地からの)宗教論として評価される。

とはいえ、読者はここで私に騙《だま》されてはいけない。というのは、私のこの小論での戦略は次のようであったからである。すなわち、そもそもの議論の出発点を私は自分の総合人間学(「人間とは何か」)の中核的命題である人間的自由論に置き、そこから私独自の why, how 論を媒介としつつ、人間をめぐる有限と無限との矛盾を梃子《てこ》として宗教の必然性を論じたのであるが、こうした人間観自体が私の唯物論思想から導かれたものであるし、論の運び方もそうであったからである。だからその議論の果てに、宗教も無神論も人類に固有な類的誤謬として同じ地平に立っているのだ、と結論づけるとしても、それの根底には「科学主義」的に把握された人間観が横たわっていたのだ*。この事情と、直前に批判した型の宗教の増上慢《ぞうじょうまん》的「寛容」精神とはどこが違うというのであろうか。——

* ただし私の能力の許す限りで理解しえた、最新の天文学、物理学、生物学、進化論、動物行動学、人類学、脳生理学、等の科学的知見に依拠しているつもりではある(本書第一部Ⅰ、Ⅱ、Ⅲ、参照)。

この疑惑は、私が言葉を代えて次のようにいうとしても(実際そのようにいいたいのだが)、依然としてそこに憑《つ》いてまわるであろう。すなわち、私は唯物論者であるにもかかわらず宗教に興味を抱いている、のではなく、唯物論のゆえに、最も人間的な営みとして宗教に注目しこれを肯定するのみならずこれを愛しさえもするのであるが*、それと同じように、ここに「われ宗教を信じるがゆえに、唯物論に注目し、かつこれを最も人間的なものとして愛し肯定する」といい切る宗教者が現われるならば、わたしたちは相互に寛容であるだけでなく、同志である、と呼び掛けたとしても。——

＊　現在のところ私は、親鸞、道元、ルターの宗教思想、新旧の聖書、各種の神話（ギリシア神話、『古事記』、等）、さらには宗教に関わる諸芸術（とりわけ音楽）に惹《ひ》かれている。別の機会に宗教を芸術面から、また人間関係の面（例えばキリスト教の「愛」、仏教でいう「慈悲」「善知識」、等の問題）から考察してみたい。

私が唯物論と宗教とのあいだの寛容について語ることができるのは、ここまでである。残された課題は、寛容と欺瞞の関係である。

II　疎外と宗教

はじめに——二つの視角——

私は唯物論の見地から総合人間学の確立を目指しているが、その体系構想の最後の一環に「宗教とは何か」を位置づけている。そのさい大きくいって二つの視角から宗教を捉えようと試みている。すなわち、人間的自由という視点からと、疎外という視点からである。もちろんこの二つの視点は深く連関しているから、私の宗教論でも二つが無関係に論じられるということはありえない。

前章では主に人間の自由と宗教の関係を論じた。したがって本章では、宗教と疎外の関係を主題にして検討してみたい。とはいえまず最小限度、〈人間の自由と宗教〉について再確認しておく必要があるだろう。

§1　自由と宗教

人間も物質の一つの存在形態であって、この地球という一つの小さな天体における四十億年近い生命の進化史の末端に位置する高等霊長目の一員であるということ、ヒト科に属するアウストラロピテクスから勘定するとして400万〜500万年の年月（地球上の生命の歴史の0.1％強）が経っていること、自らその知性と文化を誇るといえども、この宇宙のなかではごくありふれた高等知性体の一つにすぎないこと、等々は現代の科学的知見として広く知られていることである（本書第一部I、II、参照）。

さて、人間という物質存在の最大の特徴はどこにあるであろうか。いい換えれば、人間存在の本質は何であるか。私は、それは人間的自由にあると考える。では人間的自由とは何か。

古来哲学等で議論されてきた「自由」とは、自然必然性を超越した、絶対的な自由のことであった。人間がこの種の自由をもっていないことは、自然科学的にいって自明である。かといって、物質一元論（かつ無目的論）としての唯物論の立場からいって、人間以外のところに絶対的自由が存在すると考えることもありえない。——だが、だからといって「自由」という馴染み深い概念を捨てるには及ばない。人間以外の物質存在の存在様式と比較するとき、この言葉は役に立つからである。

したがってここで私は、新たに「人間的自由」の定義を施さなければならない。まず第一に、これは絶対的ではありえないのであるから、相対的な自由である。何と相対的かといえば、必然性とである。しかも世界は圧倒的に必然性によって貫かれている。したがって、人間的自由は必然の大海のなかに可能となった、必然性と矛盾しない極小領域としてあるだろう。つまり、客観的に存在する偶然性を根拠として、人間的自由は必然性と共存しているのだ。いい換えると、様々な制約（不自由）を免れられない自由、ということである。——前提となる議論はこのぐらいにとどめて、もう少し具体的に、私が定義する人間的自由の内実について検討してみよう。

第二に、この自由は進化の産物である。人類は地球が乾燥化しはじめて森林が後退しサバンナが広まった東アフリカに発祥したとされているが、その特徴は、直立二足歩行、飛躍的に増大した大脳新皮質、それまでの霊長目に一般的だったハレム婚を脱却した原始バンド制の社会形態、の三つであろう（本書第一部Ⅲ、参照）。それぞれが必然と偶然（とくに突然変異）の産物であり、またそれぞれはまず独立の要素でありつつ、その後（互いに他に対して淘汰の一条件として働くことによって）相互に連関しながら進化したと思われる。

これらの組合せから人間にもたらされた、人間に特有な行動様式は以下のようであった（本書第一部V、参照）。①まず目的を立て、②ついで手段・条件・方法を整え、③最後に実践する。④その結果所期の目的が実現しない場合、②に戻って手段等を修正するか、①に戻って目的を変更するかする（したがってこの④は①②に還元される）。この行動原型を通常、人間の目的的行為、目的定立実現活動、自己実現、対象（化）的活動、等と呼ぶ。原始人が初歩的な武器を手にして集団で狩りをするのも、レーニンが権力奪取を目指して武装蜂起を決断したのも、ボヴァリー夫人が夫を欺いて愛人と密会を重ねるのも、現代人がエイズを予防し治療手段を発見しようと努力するのも、この行動原型を使ってのことであるし、また使わざるをえないのでもある。私はここでこの、世界に対する人類に固有な対処の仕方を「人間的自由」と定義する。

この原型は最初は個々の人間においてよりも、集団としての人類によって駆使され習熟されていったと考えられる（食料確保のための集団労働)*。個人を主体としてこの自由が語られるようになったのは、つい最近になってからのことであろう(近代ブルジョワジーの人類史的役割の一つ)。

* ゆえに、ここで次のことを確認しておくことが大事である。すなわち、労働が上記の目的的行為をもたらしたのではなくて、進化論的にいって原初的には、種に特有な二つの能力(脳と手足)の組合せが労働を可能にした、ということ。言葉を換えていえば、労働は自由の生みの親ではなく、育ての親にすぎない、ということである。

さて、この人間的自由からいかにして宗教が発生するか、を簡単に辿っておこう(前章参照)。重要なのは、目的的行為をめぐっての why という疑問詞の役割と、人間をめぐる有限と無限の矛盾、の二つであった。人間は他者(および、ときに自己)の目的的行為について、その目的、動機、意図、理由、根拠を「なぜ」という疑問詞で問う。この問いの形式に習熟した人間が、いつのまにか世界のあらゆる事象に向けてもこの問いを発するようになったのは、自然な成りゆきであった。するとここに、機械的物理的因果と目的的因果との混同が生まれるようになった(世界の擬人化)。

他方、人生はあらゆる意味で有限であるが(実質)、しかし人間は無限(絶対、究極、等)を思惟することだけはできる(形式)。するとこの実質と形式との落差から、おのずと人間は何であれ無限を欲することになる。

これら二つの事情から、人間は己れの生の有限性の絶対的な根拠(「なぜ私はこのような不幸な人生しか送れないのであるか」)、ないしその有限性を突破する究極的な救済(「人生の目的は結局のところ何であるか」)を求めることとなろう。それが絶対的な目的的原理の主体たる絶対者にして超越者であるところの神の定立、およびこの神への絶対的帰依を導く。この種の信仰が宗教である*。

＊　一方、目的的行為をめぐってのもう一つの疑問詞 how（どのようにして、達成方法を問う）を自然現象に当てはめてその因果関係を問い、しかもこれを無限化・唯一化・絶対化すると、唯物論という別の信仰が得られる。つまり、宗教と（確信的な）無神論とは、何物かを絶対化して自分の世界観の根底に置く（それを信仰する）、という点では兄弟なのであった。

結局、宗教とは人間的自由と人間をめぐる制約との絡み合いから必然的（必要的）に生まれる一つの文化である。私はこれを〈**宗教の必然性（必要性）その一**〉と呼ぶことにした（p.148、参照）。したがって宗教は、この限りで人間性の一つの証しである、といってもよいであろう（**宗教その一**）。

ところで、人間的自由と人間をめぐる制約との絡み合いから必然的に生まれるものには、もう一つある（この場合、必要的とはいえないだろうが）。それが、疎外である。すると当然、宗教は上に確認された性格に加えて、疎外との関連のなかでさらに別の役割、別の性格を担ってくるであろう（**宗教その二**）。この点を検討するのが本章の固有の課題である。

§2　疎外とは何か

では、疎外とはどのような事態をいうのであろうか。疎外は人間的自由と人間をめぐる有限性とからどのようにして必然的に生成するのであろうか。われわれはまずこれを明らかにしておこう。ただしはじめに断わっておくが、私は疎外をアプリオリに（端《はな》から)、悪いもの、厭うべきものとして決めつけはしない。善悪の価値判断は最後に下せばよいからだ。

問題は、(個であれ集団であれ、また類としてであれ)人間が自己実現に成功したところから始まる。なぜなら、所期の目的の実現に失敗した場合には、それがどれほど取り返しのつかないものであれ、人間は単純に悲しみ嘆けばそれで気が済む(諦めることができる)はずだからである。甲子園にあと一歩で出場できなかった高校球児たちでも、日が経ちさえすれば自分たちの力が足りなかったからだ、といずれは諦《あきら》めることができる。信長にしても野望が事の途上で潰《つい》えたと知ったとき、もはや従容《しょうよう》と割腹したはずだ。失恋もいずれは美しい思い出となる。これらの例で判るように、自己実現の失敗はおよそ疎外とは関係がない。

これに対して、人間が自己実現に成功したその結果が、当の人間に否定的な事態をもたらすことを疎外という。第一に、成功の産物が主体の所有とならずによそよそしいものとなる。第二に、あまつさえそれが主体に反抗し敵対してくる。それが疎外である。——私は例としてよく封建時代の農民を取りあげる。まず、彼らの労働の成果である米(自己実現の産物)は少ないときでも半分は我がものとならずに年貢として収奪される(いわゆる五公五民)。飢饉が続き収奪が堪え難くなると彼らはときに意をけっして一揆に立ち上がるが、それを弾圧する武士階級は足軽に至るまで農民よりひ弱な体格の者とてなく(なにしろ農民は凶作続きで飢餓状態なのだ)、また手にする武器にしても比較にならない。しかしこの、武士の栄養と優秀な武器の出所といえば、もとを質《ただ》せば農民から搾取した年貢米である。農民が生産した米が農民を弾圧する、のである。もう一つ、他の例を挙げよう。人はよく子供のことを愛の結晶という。それに違いはない。つまりこれも一つの自己実現の成功による産物であるからだ。だがこの産物はやがて親の手を離れて独立する。つまり、主体の所有から離れる。それだけではない。子は（なんらかの意味で）親に反抗し親を否定してこそ、一人前となる（「仏に逢《お》うては仏を殺し、……父母に逢うては父母を殺し、……」『臨済録』「示衆」）。これとは別に再び男女の例でいえば、得恋のあと愛が憎しみに変わった二人は、深く傷つくだろう*。

* あとの二例から、人間の自己実現の成功にまつわる疎外とは、必ずしも労働をめぐってのものだけではなく、人間的自由一般の成功から導かれるものである、ということがわかる。

したがって、人間が自己実現の能力を有しはじめたときから(つまり、人間が人間になったときから）疎外は人間につきまといはじめたであろう（原始社会から)。そして、人間が自由という本質を保ち続けるかぎり（つまり、人間が人間であるかぎり）疎外は人間につきまとい続けるであろう（未来社会をへて人類の滅亡まで)。この点をもう少し考えてみよう。

階級社会は人間の食糧生産に余剰が生まれたことから発生した。つまり人類は階級社会の成立以前の段階で、食糧確保という自己実現に或る程度成功したわけである。すると、疎外はけっして階級社会に固有なものではなく、むしろ階級社会こそ疎外の産物であることがわかる*。というのは、それまでの数万年(数十万年？)にわたる人間の労働の自己疎外として富と権力の偏《かたよ》りが発生したところから階級の分裂が起こったのだからである。これと対称的に同じことが未来についてもいえよう。すなわち仮に将来、階級というものがなくなったとしても、その無階級社会においても人間は必ず自己実現を計るのであるから、やはりその成功に伴って疎外は存続するであろう。いな、階級差別が無くなった分だけ自己実現は質とともに成功率も上がるはずであるから、その分疎外は増えるはずだ、とさえ予測されよう**。

＊　この問題は、疎外が私的所有をもたらしたのか、それとも逆に私的所有が疎外をもたらしたのか、という若きマルクスのが直面した難問に戻る（『経済学哲学草稿』第一草稿、いわゆる「疎外された労働」の末尾）。彼はその後『ドイツ・イデオロギー』以降断固として後者の立場に立って論を進めるようになったことは周知のことであるが、この結論はもう一度検討し直されてもよいのではないか。

＊＊　いい換えると、階級社会の止揚という人類最大の自己実現の成功が新たな質の疎外をもたらすだろう、ということである。

ここで、そもそもどうして人間の自己実現の成功はおのずと疎外へと変質するのか、を簡単に反省しておくことも無駄ではなかろう。それは、観念と現実的対象との不一致、個と個、個と集団ないし集団と集団の間の観念（利害、価値観）の不一致（主観の分裂）、時間経過にともなう観念と対象との双方における乖離的変質（こんなはずではなかった）、などからであろう。これらの前提は、人類が超人にでも生まれ変わらないかぎり、不変であろう。つまり疎外は総じて（前節でも確認した）人間の自由と人間をめぐる有限性とから不可避的に由来する、といえる。

ここでやや図式的ながら次のようにいうことができよう。人間の自己実現が有限性によって最終的に不成功に終わるとき、その失敗の堆積を前にして原初的な宗教が生成する（**宗教その一**）。これに対して、自己実現の成功が有限性によって変質し、人間に敵対してくるところに疎外が生成する、と。つまり宗教と疎外は、人間の自由と有限性とから生まれでた双子のようなものだといえよう。——ということでそろそろわれわれは、宗教と疎外の複合的な連関を整理する地点に到達したようだ。

疎外と宗教の連関は、予め提示するとすれば、以下の三つないし四つの視点から論じることができるであろう。

⓪ 疎外がなくとも宗教は必然ということ（**宗教その一**）——前節および前章。

① その同じ宗教が、疎外の深刻化につれて次第に同時に疎外への最有力な対抗措置となってきたということ（**宗教その二**）。

② ⓪①の宗教的表象および宗教的活動自体が、人間の自由な能力と自由な活動とを直接の原型とした、それらの疎外態であり、そのことから新たに固有な疎外が指摘されること。

以上の⓪①②を宗教の本質とすると、

③ 人間が宗教という文化的精神的活動に成功し（一つの集団的な自己実現の成功）、その結果宗教が社会と歴史のなかに定着するとき、その宗教が己れの本質（上の⓪①②）から疎外されていくこと（変質・腐敗）によってさらに新たな疎外をもたらす、ということ。

以下、節を改めてこれらの点を順次検討していこう。

§3 疎外への対抗文化としての宗教

私は本小論においてまだ疎外に対して価値判断を下していないが、それとは無関係に、人は例外なしに疎外を厭《いと》うという事実がある。また先述したように、自己実現の失敗に対してはアキラメがつくが、疎外の方はなかなかアキラメがたい、という事情もある。どうしてであろうか。それは、疎外が自己実現の成功（の果実）

を否定するがゆえに、人間の本質（＝自己実現の自由）の全的否定を意味するからではないだろうか。すなわち、疎外を容認してしまうと、人は己れの存在意義が霧散し、人格が喪失してしまうと予感するからではないか。――それでなくとも人は満たされない人生に絶対的な根拠、意義を要求するものであるが（宗教その一）、この「人間はなぜ生きるか、人生の意味はどこにあるのか」という疑問は、己れの本質を否定する疎外を前にしたときの方が、決定的に根底的な問いとして問われるのではなかろうか。

はたしてこの疎外は克服されうるものであろうか。克服の方途としてはいかなるものがあるか。克服されえないとすれば、われわれは疎外とつき合っていくよりほかはないということになるのだが、それにしてもどのように疎外とつき合っていけばよいのか。

疎外には、マルクスが指摘しているとおりいくつかの様相ないし段階がある*。これをいま私なりの言葉で整理し直すとすれば、次の三段階になるであろう。すなわち、(1) 自己実現の産物（米などの労働生産物、芸術作品、子供、等）からの疎外、(2) 他者からの疎外（社会的人間関係における疎外）、(3) 自己自身からの疎外（人間の類的本質からの疎外）。―― (1) の疎外については前節で触れた。(2) の「社会」という人間関係の人工的な組織体も、人類による自己実現の（種としての存否を賭けた）一つの産物であったから（本書第一部Ⅲ）、それが人間に敵対してくるという意味では (1) と同じ事情にある。(3) は究極的な疎外であるが、人間が (1) (2) の疎外の（唯一の）責任主体である己れ自身を疎《うと》ましく思うようになり否定するに至る、ということである。

*　マルクス、前掲『経済学哲学草稿』「疎外された労働」。

思うに、疎外の生成の歴史は (1) → (2) → (3) の順であろう。

(1) の堆積が (2) を準備し、(2) の堆積が (3) を帰結したはずである。おおよその時代を推量すれば、まず先述のように狩猟採取時代において（食糧の＝人口の）単純再生産から離陸したときから (1) が発生する可能性が生まれたと思われる。その後、農耕牧畜時代に入って階級社会となり商品経済が発達するにしたがって (2) も顕在化したであろう。最後に (3) が登場するのは、近代に入って個我が確立する資本主義の時代になってからのことであった。――

しかし疎外の(主観に感じられる)深刻度は明らかに (3) → (2) → (1) の順に重い。かつ、疎外は重層的に積み重なるから、(2) が発生したのちにも (1) は残るし、(3) が発生したのちにも (2) と (1) は残る。それどころか、(2) が反射して (1) は以前より深刻化するであろうし、(3) が反射して (2) も (1) もいっそう深刻化するであろう。その意味で疎外が時代に固有な病理として主題的に語られはじめたのが近代からであったのには理由がある（ヘーゲル、マルクス、カフカら)。

さて、疎外克服の方途であるが、二つの戦略が考えられる。一つは歴史段階的・客観的な発想によるものであり、もう一つは主観的な深刻度を優先するものである。ただちに分かるように、二つは方向として対称的である。すなわち、前者は根本治療を狙い（(1) から解消)、後者は対症療法型である（ともかく (3) を、ついで (2) を解消)。それぞれにいい分はあるし、他方に対するもっともな批判にもなっている。つまりこういう場合の常として、一方の長所は他方の弱点となっているのだ。

前者は疎外を根元から断つ、という考えであるが、社会主義思想がその代表である。思うに、これには二つの問題がある。まず第一に、仮に社会変革によって労働生産物の搾取がなくなったとすれば、確かにそのかぎりでの (1) の疎外（搾取による物からの疎外）が消えるだけでなく、時がたてばおのずと（物的搾取に由来するかぎりでの）(2) も (3) も消滅するはずである。だが (3) についてはそうかもしれないが、(1) と (2) はそれだけで全面的に解消するのだろうか。むしろ、理想社会を築きえたとしても、人間の物的な自己対象化活動（もはや搾取からは自由である、一例として芸術活動）と他者関係における自己実現（もはや敵対的ではありえない、一例としてコミューンの自治活動）とにおいて、依然として成功後の変質、すなわち疎外は付きまとうのではなかろうか。これは前節の末尾で述べたことであった。第二に、仮に科学的に社会主義を実現すれば疎外は全面的に消滅するのだとしても、それはいつのことになるのであろうか。歴史は数百年数千年単位で展開し、個々人の人生は数十年で果てる。一個の人生を歴史の進歩に捧げ尽くしたとして、その人自身としても（主観的）、かたわらから見ても（客観的）、その人生は疎外を免れたといえるのだろうか。もしいえないとすれば、人類史的に疎外克服のために尽くしたのだから、己れの身に蒙《こうむ》る現実的な疎外についてはアキラメろ、ということであろうか*。

＊　この論法による人生の〈正当化〉が宗教によるそれと類似している点については、ただ指摘するに留める（前章、p.143 以下、および第一部Ⅶ、アドルフ・ヨッフェの遺書からの引用 p.94、参照）。

第二の戦略はまさにこの点を突く。根を断たなければ雑草はまたはびこるばかりだ、といわれても、ピンと来ないのだ。なにしろ、歴史は数百年数千年単位で展開し、かけがえのない私の人生は数十年で果てる*。とりあえず疎ましい雑草を刈り取ろうともがく姿を誰が非難できようか。たといその対症療法的な努力が次の時代に対して無責任であり、自己中心的であったとしても。自覚的なマイホーム主義は自力で (2) と (3) に対処しようという努力であるし、毎年ひとりで海外旅行に出かける独身のキャリア・ウーマンは (3) の疎外と格闘しているのかもしれない。また、脱サラして浅間山麓で有機農業を始めた若者の夫婦は、(1) の疎外を個別的にラディカルに克服しようとする（それによって自己と他者をも取り戻す）勇気あるケースだ。ここまでいけない人々は、夏冬の小旅行、各種の賭け事、週末の酒、気の合った者どうしの趣味の会、などによって辛うじて疎外に抵抗しているのではなかろうか。

＊ 人間が何であれ自分の尺度に外れた事柄について鈍感《どんかん》であるのは、進化論的にいって合理的である。それはちょうど、人間は四つある物理学的力のうち重力と電磁気力は感じるが、(原子核の中の)〈強い力〉と(ニュートリノのレベルにおける)〈弱い力〉についてはまったく感じないのと同様である（本書第一部Ｉ、参照）。ただし今後、現在のような人為的な放射能汚染の環境が続くうちに、人間のなかに〈強い力〉を感知しうるような突然変異体が現われ、それがこの環境の淘汰圧に適合して新しいホモ科の亜種を形成する、というようなことが起こるかもしれない（これは悪い冗談のつもり。念のため）。

さて、この観点から眺めた場合、宗教はどのように評価されるであろうか。

宗教は疎外克服の対症療法的な戦略のなかの戦術としては、筆頭のものといえよう（p.162 の①）。とりわけ (3) の自己自身からの疎外と (2) の他者からの疎外に対しては顕著な効果が認められる（人間として生きる自信が回復する、心の通いあった仲間に出会う）。世界宗教はいうまでもなく、たとい素朴な段階のものであっても（宗教その一）すでに潜在的に宗教とは心理的にも発想の論理性においても集団性においても、人間に付きまとう疎外を今直ちに「克服」しようと望む人々にとっての最も組織だった武器だったのではないだろうか。その最大の根拠は、§1で述べたように、〈宗教その一〉がもともと人間固有の能力（目的的行為の根拠を問う、かつ、無限を欲する）から直接に由来していたからであろう（これは、宗教と疎外の関係の②の論点でもある）。だから、歴史が進み疎外が重層的に深刻化するにしたがって、疎外克服の方途《ほうと》としての宗教の性格が顕著になってきた（宗教その二）のも当然のことである。

もちろんこれに対して、宗教ならざる立場（無神論としての唯物論もその一つ）から次のような批判を投げかけることには十分な理由がある。すなわち、宗教はどんな種類の疎外であれそれ自体を克服・消滅させる方途とはなっておらず、主観的にそのつもりに思い込むだけである、と。つまり、宗教的信仰を通して「安心」を得ることによって現実に身に被っている疎外をアキラメルことができる、というにすぎない（「気休〔安〕め」）、ということである*。だが宗教の側からは、そうであってどうしていけないのか、と反問する権利がある。繰り返しになるが、第一に「今この」疎外に対処することが主観的に最優先される、ということ（これが第二の戦略の動機であった）、第二にそもそも疎外は克服されうるのか、ということ。確かに、仮に疎外は永久に克服されえないものだとしたら（私はこの仮定に傾いているのだが）、宗教とはこれとつき合うに最も有力な、人間的な（自前の）手立てであることは認めなければならないのではないか。

*　このことは宗教にかぎらず、先述したマイホーム主義以下の諸例に

対しても妥当する批判である。

——以上が〈**宗教の必然性（必要性）その二**〉である。そして宗教の二つの必然性、二つの性格は矛盾なく重なる。長い目でみれば、先にも述べたように、宗教の役割は〈**宗教その一**〉から〈**宗教その二**〉へと重心が移ってきているであろう。なぜならば社会の歴史そのものが疎外の深化にしたがって、宗教を必要とする意味あいをそのように移動させてきたからである。

これは、透徹《とうてつ》した目から見たら明らかに欺瞞である（ニーチェの仕事）。だが、宗教に限らず、一生のあいだいっさいの欺瞞を排除して生きぬく人間がどれほどいるであろうか。もちろんこのとき、宗教以外の他のあらゆる理想もなんらかの意味で必ず欺瞞性を帯びている、ということが承知されていなければならない(これを否定することは、別の悪しき欺瞞であろう。本書第一部ⅦB「逃避としての信仰」、参照)。私は、前章で論述した〈**宗教の必然性その一**〉と、本章で確認した〈**宗教の必然性その二**〉とを併せて、改めて宗教を人類に固有に普遍的な類的自己欺瞞と呼びたい（p.99、参照)。

この類的自己欺瞞をこそ、マルクスは「阿片」と呼んだのである*。だとすればあの言葉をめぐって、宗教の側もマルクス主義の側もこれまで一つの共通の誤解を抱いていたのではなかろうか。すなわち、マルクスは人間を破滅させる「悪」として「阿片」という比喩を用いているのだ、と。そうではなく、マルクスはもっと人類史的・人間学的な膨らみをもたせてあの比喩を選んだのではないだろうか。そこの憶測はともあれ、宗教者は阿片で何が悪い、という権利があるし**、唯物論者はこの阿片を容認するべきである（加えて自分たちは別の種類の麻薬を選んでいるにすぎない、と認めれば完璧である***)。

＊　マルクス『ヘーゲル法哲学批判序論』真下信一訳、大月書店・国民文庫、p.330。

＊＊　最近の研究によれば、人間の身体自身が激痛時には小量の麻薬に似た物質（エンドルフィン）を脳細胞内で製造するという（おそらく動物一般にいえることであろうが)。

＊＊＊　直前に、宗教とは類的自己欺瞞だと述べたが、当然、唯物論にしてもこの類的自己欺瞞を免れるものではない。むしろ、宗教と唯物論のいずれにしても、無自覚的な類的自己欺瞞と自覚的なそれ（真の信仰）とのあいだの区別こそ重要であろう（第一部Ⅶ、参照)。

以上で疎外と宗教との連関についての第一の論点を終えたい。次に、p.162 の②、〈宗教その一〉にしても〈宗教その二〉にしても、宗教が人間の自己実現の能力と活動自体の疎外態であり、そのことから別の新たな疎外が指摘される、という点について検討しよう。

§4　自由の疎外態としての宗教

宗教が人間の自由な能力とそれに基づいた自由な活動の疎外態*である、という点については、フォイエルバッハ以降宗教を哲学的に論じる立場からすれば、もはや常識といえるだろう。まず、全知、全能、さらには無限性、超越性、絶対性と、神のどの属性をとってもそれらが人間の有限な能力を原型として、それが無限化された姿であることは見易い道理である。このとき何ごとであれ観念的に無限化して考えつめようと努めることそのものが人間の思惟の本質的な特徴の一つである点も、すでにわれわれは前章§2および本章§1で確認した。例えば、人間は現実に何かを知ることができる、ただしそれには限界が存する。この限界知を人間自身が観念的に無限化したものが神の全知である、等々。こうした特徴をもう少し確認してみよう。

＊　ここでいう「疎外態」とは「外化された姿」の意である（ヘーゲル、マルクスにおいて「外化」と「疎外」とはほぼ同義である)。だからこれは直接的には§2、§3で述べてきた歴史事実的な「疎外」という事態を意味しない。

第一に、神の役割を創造神、秩序神、審判神の三つに分析する見地がある（カント)。これについてはすでに前章で触れたが(p.146)、ここでの文脈に即してもう一度まとめてみよう。

神は時間・空間とそれを満たす物質とそれらを貫く法則の三つを創造し、総じて自然の世界を造った（創造神)。その世界の秩序を彼は常に制御しており、またいつでもこれに介入できる（秩序神)。人間に対してはどうかといえば、彼はそもそも人間の創造者でもあり、また人間の関わる世界（精神的なものも含む）を究極的に秩序づけているのだが、加えて、いずれは(すでに？)個々の人間の魂に最後の審判を下す（審判神)。――ところで、未だないものを未来に観念して、然るのちにそれを現実化するという創造行為が人間の特徴であり、自然から（無理にでも）秩序を発見し無から秩序を形成する（文明、社会、科学技術、ノモス）のも人間の技であり、親が子を、司法が犯罪者を審判するのも人間の営みである。

この、神と人間との明らかな類似関係をどのように捉えるか(両者の差異はあくまで無限か有限か、という点にのみ存する)。人間が神の類似物として創造されたと考えるか（信じるか、宗教)、それとも神こそ人間の疎外態であると見なすか（信じるか、唯物論）は論理的には五分五分であって、まさに信仰の自由に関わる。本小論では私は、たまたま後者の立場に立っている、というだけのことだ。いい換えれば、神とは人間の能力が絶対化、完全化したものとして人間に観念された存在者である、と。

第二に、同様の事情が次の点にも存する。これも前章で触れた論点であるが（p.146）、① 天地創造から始まって最後の審判にいたる、②「神はすべてお見通し」、③ のみならず「すべては神の思召《おぼしめ》し」、という神観が、人間の目的定立実現活動の特質とぴったり照応するという事実をどのように受けとめるか。私はここからもまた、宗教は人間の能力と活動自体が外化した（疎外された）姿である、と確認したいのである。

では翻ってなぜ、このように人間の自由と神の属性とが照応していることが、とりもなおさず宗教が人間の自由の能力と活動の「疎外」態である、といわれるのであろうか。それは、自己実現の営みによっていったん「外化」したものは何であれ、いずれは当の本人に対向し「疎外」をもたらすからなのではないだろうか。人類の自己実現の産物としての宗教自体はどのような疎外を内に含んでいるのであろうか。

一番の問題は、この神がはじめから人間を支配する絶対者として要請され信じられる、というところにある。なぜなら、まず何よりも人間の存在（生）の根拠として神は定立されるからである。だから、この人間からの要請（必要）が人間自身によって完全に近い形で実現（成功）すればするほど、この観念としての神は人間から超越し（人間の手を離れ）、逆にこれに対する人間の従属度が深まるのである（自己実現の成果が人間に対向する）。

これは奇妙なことではないだろうか。なぜなら、何よりもまっ先に〈自己自身からの疎外〉を克服してくれるはずの宗教自体が、もう一つ別の〈自己自身からの疎外〉をもたらすのであるから。宗教という精神文化が最も興味深いのはこの点にある。ここで次の点を確認することが重要である。すなわち、たとい宗教が新たな〈自己自身からの疎外〉を意味しようとも、自らが選び信仰するのであるかぎり、つまり己れの主体性（自由）を絶対化して外化したうえで自らそれを神として定立し、自らその神に全面的に帰依するのであるならば、確かに当初の現実的社会的な〈自己自身からの疎外〉は癒《いや》されるはずだ、ということである。このかぎりで宗教はどこからも批判される筋合いはないのである*。

＊　本書第一部との関連でいえば、ここまで論じられてきた宗教が〈宇宙論的ニヒリズム〉に対処する一つの自覚的な人生態度としての宗教である。

とはいえこの人間の本質（自由）の疎外態としての宗教が、一方で人間の生を（再）肯定してくれながら、他方で必然的に人間性を(再)否定することも避けられない。つまり、人間の自然(ピュシス）と、それに基づいた自己実現の活動とが、宗教の内在的な論理ないし神の命令によって抑圧され否定されるのである（ノモスとしての戒律)*。

＊　ノモスというギリシア語は、旧約聖書（元はヘブライ語）における中心的な概念の一つである「律法」の訳語である。

一つの例を挙げよう。『旧約聖書』の『創世記』にアブラハムとイサクの話が出てくる。イスラエルの民の最初の祖先アブラハムの妻サラには長年子供が生まれなかった。しかしこの夫妻の信仰の篤《あつ》いのを祝福して神（ヤーフェ）は長子イサクを授ける（第17章第21節)。ところがイサクがまだ幼いころ、神はアブラハムにその一人息子を自分に犠牲として捧げるように命じる。アブラハムはこれを忠実に実行に移すが、息子の心臓を刃物で刺そうと手を挙げた瞬間、神の御使《みつか》いの声が聞こえ、殺さずに済んだという（身代わりに一頭の雄羊が捧げられた）。神が、アブラハムの何ものをも犠牲にしようとする純粋な信仰心を改めて深く確認できたからである（以上、第22章第1～13節）*。

＊　本書第三部で扱うギリシア神話における〈イフィゲニアの犠牲〉との類似に注目せよ（特に p.227 ②および p.228 注＊＊参照）。

この有名な物語には様々な伝説上の背景説明とか解釈が施されているが、ここでは次の三点を指摘したい。まず、前にも触れたように子供は人間にとって典型的な自己実現の産物なのであるが(p.160)、(1)「子を殺せ」という神の命令自体が人間に自然な情の否定の強制である（人間性の否定）。(2) 聖書の記述の限りでは、アブラハム自身がこれにまったく疑問を感じていない（神への帰依の優先と人間性の放棄）。(3) キリスト教(およびユダヤ教)の長い歴史のあいだ中、大多数の信者たちはこの (1) (2) に気づかず、かえってこの物語を天にまします唯一神への絶対的帰依の模範として讃美しながら読んできたという事実（人間性の感覚の鈍化）*。

＊　一例として、『新約聖書』のうち『ヘブル人への手紙』（パウロの著ともいわれている）第11章第17～19節、参照。この問題に真正面から格闘した思索の代表としてキエルケゴール『おそれとおののき』枡田啓三郎訳、キルケゴール著作集第5巻、白水社を、独自の批判的な見解の例として、カント『学部の争い』角・竹山訳、カント全集第18巻、岩波書店、第一部原注、p.89を、直截的にこれを非難している例として、アンドレ・ジッド『贋金つくり』川口篤訳、岩波文庫、下、p.229以下を参照。

ここに指摘した三点はけっして神話の世界に止まらない。神の名によって多くの親たちが息子たちを戦場に送ってきたし、宗教上の理由で親が輸血を拒否し、助かるはずの子供を死なせる事例もある。こうしたことはまた、ユダヤ・キリスト教に限られた話でもない。ところでここはまだ宗教の本質に関わる議論の範囲内である。すると、宗教の本質自身のうちに人間性（ピュシスと自由）の一定の否定*が含まれていることは否めないであろう。

＊　他の例として、プロテスタンティズムによる性の抑圧を挙げることができる。D.H. ローレンス『チャタレイ夫人の恋人』伊藤整訳、新潮文庫、参照。

以上が疎外と宗教との連関の第二の論点であった。最後に、p.162 の③宗教が宗教の本質から疎外される様子を少しく吟味することにしよう。

§5　宗教の変質としての疎外

第三の論点をいい換えれば、歴史・社会・政治のなかにおいて宗教が果たしてきた（現に果たしている）イデオロギー（粉飾観念）としての役割はどういうものであるか、ということである。

ここで、宗教の本質と私が考える要素を再確認しておこう。それは二つあった。第一に、人間の自己実現をめぐる素朴な有限性を前にして（自己実現の失敗を前にして）、目的因的思考（why）の無限化を施《ほどこ》すことによって、宗教的思惟が始まった、ということ（宗教の必然性その一）。第二に、人間の自己実現の成功に人間の有限性が絡《から》んで生まれる〈疎外〉に対処するに、〈必然性その一〉による宗教的思惟をもって充《あ》てる（転用する）ということ。

いい換えれば、人間の本質（自由）自身を疎外（外化）することによって疎外一般に対処するということ（宗教の必然性その二）。

見られるように、宗教自体が人間の一つの類的自己実現の試みである（目的を立て、手段を整え、実行する）。そして人類はこれに成功した。いい換えれば、この類的自己欺瞞も一つの類的な自己実現の成就なのである。ならばここから、他の自己実現の成功の場合と同じく、やはりなんらかの疎外が生じることは避けられないのではないだろうか。

ところで社会（政治）の体制というものは、これはこれで人間の自己実現の偉大な産物である。そしてこれの移り変りが歴史である。よって当然、社会や歴史に固有な疎外が発生する。これに対処する手立てが本章でこれまで論じてきた宗教であった。だが奇っ怪なことに、社会自身が己れの生み出す疎外を隠蔽するために宗教を逆利用するのである。それがイデオロギーとしての宗教である。社会と歴史の論理の側に宗教が一つの重要なエージェント（手先）として組み込まれてきたのである*。そのかぎりでの宗教の役割とはどのようなものであったのか。

* 本書第三部IIにおける司祭長カルカスの役割を参照（p.220）。また、同IV参照（p.232 以下）。

ここで歴史的検証に立ち入って議論をする余裕も用意もないので、次の三点を確認するに留めておきたい（以下、過去形で叙述するが、併《あわ》せて現在形でも読み込んでいただきたい）。

（**ア**）すべての階級社会において必ず何らかの宗教が、その社会における主要な疎外の責任主体であるところの支配階級によって、被支配階級の意識を（自分が押しつけている）疎外から逸《そ》らすための、（暴力装置と並んで）最有力な手段として、すなわち（ノモスの一環としての）イデオロギーとして利用されてきた、ということ。とりわけここに、前節の末尾で触れた、宗教が本質的に包含している人間性（ピュシス）の抑圧という特徴が役立てられてきた。例えば敵にせよ味方にせよ如何に多くの人間の命が、表向きは神の名によって、本当は政治権力によって犠牲にされてきたことか。

（**イ**）宗教自体が政治的・経済的権力を握ったことも歴史上ときおり見られたことであったが、その場合、宗教自身がその時代その社会のすべての人間に疎外をもたらす責任主体であった、ということ。

（**ウ**）第三に、宗教外的な社会的政治的要因に起因する宗教の変質ではなく、宗教内的な社会的疎外というものもここで指摘しておこう。すなわち、宗教が一つの人間集団を構成する以上、それは内部に向かってどうしても一定の組織的・規範的規制（ノモス）を形成せざるをえない*。だからたとい時の権力に抵抗し時代の社会的疎外に立ち向かう主体としての役割を担っている場合の宗教にしても、組織内部的にはなんらかの新しい軋轢《あつれき》・疎外が生まれることを避けることはできないであろう**。

* 宗教を構成する諸契機（前章§3、p.149）のうち **ア**〜 **ク** を参照。

** この事情は宗教に限らず、人間の社会的組織一般にいえることである。

ほんの二例ずつ列挙するとすれば、ローマ帝国の国教となってからのちのヨーロッパの長い歴史におけるキリスト教*、江戸時代における葬式仏教と堕した仏教が(**ア**)の典型である。また、サヴォナローラによるフィレンツェでの神聖政治（貴重な芸術作品の壊滅)、現在のイランのホメイニ政権が（**イ**）の例となろうか。(**ウ**)

の例としては、使徒時代の原始キリスト教（ペテロとパウロの主導権争い）、親鸞が生きているうちに見られた関東での弟子（「同朋」）たちの間の悶着《もんちゃく》が挙げられるであろう。

＊　どの国であれ、自分の教えが国教となることをイエス自身はけっして望まなかったはずである。したがって、キリスト教がローマ帝国の国教となったこと自体が、明白に原始キリスト教（宗教の本質）からの逸脱であり変質であり、疎外である。

これらの点を宗教の逸脱、堕落として批判することはできるにしても、問題は簡単ではない。それは先述したように、おそらく他の疎外と同様にこの宗教の宗教自身からの疎外も、宗教という一つの文化形態の類的自己実現の成功からなんらかの必然性をもって生成しているはずだからである。だが、この難問はもはやわれわれの当面の課題の範囲を越えている。

ただしこれとは別に、次の点を指摘しておくことは大事であろう。それは、本節で展開した議論は、少々の置換を施せば、逆に宗教から唯物論の側への批判として再構成されうる、ということである（とくに前記の（**イ**）、（**ウ**））。つまり、唯物論の立場に立つ者としては、この議論を絶えざる自己批判の基準としても捉える必要があるだろう。

おわりに——残された課題——

私は疎外に対する価値判断を保留したままここに至ったが、これは読者一人一人の自由に任せることにしたい。その結果仮に疎外はやはり克服すべきであるとなった場合、先述の二つの戦略を併《あわ》せ用いることができるとすればそれが最上ではないか、という見解も生まれうるであろう。それが可能であるかどうかは、今後の検討課題である。

ところで、本章における議論の最大の弱点はどこにあるであろうか。すでに多くの読者が気づいていると思われるが、それは「疎外」の概念にある。そもそも人間をめぐって「疎外」というものを語ることができるのか、この概念によって人類史を把握すること自体が一つのフィクション（物語）、神話なのではないか、という根底的な批判も現にある。私はその点の検討を少しもしていなかった。それでなくとも、本小論の中での次の三つの語法に戸惑った読者も多いのではなかろうか。自己実現一般の成功がもたらす現実的・社会的・歴史的な（三重の）「疎外」（p.163）、自己実現の能力の「疎外態」としての宗教、宗教がその本質から「疎外される」という事態、の三つである。これら三様の語法のあいだには緊密な連関が存すると思われるが、それをきっちりと分析し論理化することもいずれの機会を俟《ま》ちたい。

私は宗教と疎外とが人間の自由と有限性から生まれた双子の産物であり、さらには宗教と唯物論とが何ものか絶対的なものへの信仰という点で兄弟である、と論じてきた。とはいえ、人類の過去および現在を見れば、宗教を心の支えとする人間の数の方が圧倒的に多数であるという明白な事実がある。とすると唯物論とは一体何であろうか。人間にとって唯物論とはどのような思想的意味をもっているのか、唯物論と疎外はどのように連関するのか。これらもまた私に残された課題である。

第三部

芸術と人間

イフィゲニアの犠牲（ポンペイの壁画、1世紀）

I　歴史と人間

——映画『ラスト・エンペラー』鑑賞ノート——

一九八七年八月から一九八八年四月にかけてのウィーン研究滞在中、カント研究のかたわら、時間の許すかぎりオペラとか音楽会に出かけるよう努めたが、そのほかにもシェイクスピアの劇や映画鑑賞にも数回出かけた。それらのうちで、ベルトルッチ監督の映画『ラスト・エンペラー（最後の皇帝）The Last Emperor』（独語で Der Letzte Kaiser）はつごう三回観た。まずウィーンで独語版を、ついで同じくウィーンで英語版を、しばらくしてイギリスに（当時ウォーリック大学に研究滞在中の）S先生をお訪ねしたさい、ロンドンで英語版を観たのである。とにかく面白かったし、久しぶりに優れた映画に出会えたことがうれしかったからである。

帰国後、あらためて東京で日本語の字幕つきのものを二回観たから、これまでのところ五回観たことになる。ディヴィッド・リーン監督の『アラビアのローレンス』の二四回には及ばないが*、マルセル・カルネー監督の『天井桟敷の人々』の六回にほぼ匹敵するから、この映画がすでに僕のお気に入りの一つとして脳味噌に登録されたことはまちがいない。

＊　その後も鑑賞を重ね、二〇〇六年四月現在で三七回である。ちなみに映画は映画館で観るというのが僕の格率なので、これらの回数はすべ

て映画館での鑑賞回数である。

以下、この『ラスト・エンペラー』について少々感想らしきものを書いてみたい。きっちりと構成立てられた文章になるはずもないが、内容としてはこの映画の主題めいたものをめぐってと、映画自体としての面白さについての、二つの話題が中心となるだろう。

§1　歴史とデマ

題名の「ラスト・エンペラー」とは清朝最後の（第十二代）皇帝であった宣統帝溥儀《ふぎ》(1906–67) を指すことは､いうまでもない。

映画のなかで、二つのデマが溥儀に対して効果を発揮しているさまが、目立たないながらもさりげなく描かれていた。歴史過程においてデマ、流言、口コミ、フレーム・アップ（でっち上げ）も時に大きな役割を果たすことがある。〈歴史とデマ〉という組み合わせも歴史学の一つの重要な論究テーマたりうるのである。ちょうど映画に描かれている中国と同時期のヨーロッパ史において、政権を取った直後のナチスによるドイツ共産党国会放火事件のフレーム・アップ（1933）が絶大な効果を発揮した史実がそのいい例である。映画『アラビアのローレンス』では､イギリス・フランス・旧ロシア等の帝国主義諸国が戦後のアラビアを勝手に分割して植民地化するという共謀（サイクス・ピコ条約）が、ロシア革命の成功（1917）後のソヴィエト新政権によって暴かれ、それがローレンス麾下《きか》のアラブ反乱軍のゲリラ兵士たちに噂として流れたとき､ローレンスはこのイギリスに都合の悪い「真実の」噂を唾《つば》を吐きつけながら、「単なるデマにすぎぬ」と否定する場面が印象的であった。このときわが愛するローレンスは、本当にこの秘密条約のことは知らされていなかったとはいえ、事実上イギリス植民地主義者の手先として真実を隠蔽するデマゴーグの役割を演じていたのである。

『ラスト・エンペラー』ではまず、馮玉祥《ふうぎょくしょう》のクーデター（1924）で紫禁城を追いだされた溥儀が日本の庇護のもと天津《てんしん》の一角に匿《かくま》われていたとき、彼と同い歳の親戚（cousin）*で、満州王族にして日本軍のスパイたるイースタン・ジュエルが彼に向かってこう伝えるのである——私たち満州王朝（清朝）の歴代の皇帝の墓を破廉恥《はれんち》にも漢民族の国民党（蒋介石）の連中が掘り起こして侮辱したうえ、高価な宝物を盗みだしている、と。実はこれは事実に近い話である（1928）。ところで、デマというのは普通はまったくの虚偽をあたかも真実であるかのように言いふらすことを意味するが、歴史におけるデマは必ずしも内容がまったくの虚偽である必要はない。一定の真実を含んでいたとしても、さして重要でないその内容が肥大化されて、あたかも重大事であるかのごとくに伝えられ、時の歴史的局面の本質が歪められ、それによって或る人物または大衆の歴史的行為の選択が左右される場合、これを「デマ」と呼んでも充分差し支えない**。現に映画のなかで、これを聞いた溥儀は、それまでためらっていた満州行きを決心する方向に大きく傾くのである。日本の傀儡《かいらい》にすぎず歴史的には醜悪な役割を担うことになるという客観的認識への道が閉ざされ、再び漢民族に侮辱され始めた満州民族のための満州帝国の再建を目指すという主観的野望が大きく彼の考えを支配するようになるキッカケをこのデマは与えたのであった。

* cousin を字幕で「従妹」と訳していたのは間違いである（後述）。

＊＊　逆に、重大事を卑小化して伝えることも同様にデマたりうる。

のちに「満州国」が建国され、溥儀が天皇（昭和天皇！）に挨拶するため日本に渡り、用を済ませて新京（長春）に帰ってきたとき、満州人から選抜された彼の親衛隊（護衛軍）は武装解除されていた。それのみならず、彼の留守のあいだにすべてが日本人による露骨な支配に変わっていた。このとき（関東軍の差し金で）新しい首相に内定していたチャン・チン・フイ（張景恵）が、溥儀の質問をはぐらかすように、彼が信頼していた前の首相（鄭《てい》考胥《こうしょ》）は息子が共産匪によって暗殺されて失意のどん底に陥り辞任したと告げる。これは恐らく本当の嘘であろう。それどころか、彼の息子が殺されたのが事実だとしてそれは関東軍の特務機関のしわざに違いない。事実のちに鄭考胥自身、関東軍によって暗殺されているからだ*。ともかくこの何気ない（と装った意図的な）口コミによって、眼前に明らかな関東軍の暴挙（祖国満州のいっそうの属国化）への憤激と怨念の何分の一かが「共産匪」へと向けられることになり、それによって、事態の本質に疑問の眼が向けられることを反《そ》らす効果が生まれたことは確かである。

＊　溥儀自身ものちに、鄭考胥父子は関東軍によって消されたと推測している。

台本のなかにこのようなデマの効用まで配慮して組み込んだベルトルッチは、さすがにマキアヴェッリを生んだイタリアの歴史映画監督だ、というべきであろう。だがこの点は、この映画の主題は何であったか、という点からすれば、文字どおりエピソード的な役割を担っているにすぎない。所詮はデマが歴史の主人公になることはないからである。

§2　歴史とピエロ

この映画のなかで印象的な場面は何箇所もあったが、前述した馮玉祥によるクーデターによって溥儀と彼の一族が紫禁城から放逐されるときの情景もその一つであった。とりわけ盲人用のような小さな丸ぶちの度つきサングラスを掛けた溥儀の、下からクローズ・アップされた表情は鮮烈であった。前近代から近代へと歴史が大きく転換しようとしているとき、その歴史から置き去りにされた者の悲哀があのショットのなかに実によくにじみ出ていたように思ったからだ。そもそも馮玉祥のクーデターにしてからが歴史の大きな流れのなかに置いてみれば、取るに足らない一軍閥の無益な行動にすぎなかったのだが、そのコップのなかの嵐によって、ともかく清朝の建国以来三百年余住みついてきた満州王朝の一族が、紫禁城から否応なく追い立てられるのだ。このときにいたって「望むことはすべてかなうI can do everything what I want.」はずの清朝皇帝は、歴史に対してまったく無力であることが白日のもとに曝《さら》されたのだ。

〈歴史から取り残された存在〉という点で、二回の皇帝即位式のコントラストは見事であった。一度目（1908）はともかくも清朝の皇帝の即位式としての格式にしたがって、壮大なパノラマのなかで遂行された。たといそれがそのときすでにどんなに充分アナクロニズム（時代錯誤）の極みであったとしても、まだ満二歳の溥儀は歴史の主人公であるかのごときセレモニーを体験することができたのだ。ところが二回目のそれ（1934）はどうであったか。長春の郊外の吹き曝しの荒れ地で、参列者といえば日本人、それも関東軍の軍人ばかりがやたらと眼につくなかで、形ばかりは一回目と同様に古式に則って彼は天・地・月・太陽に向かって満州国の皇帝となる意志を誓うのである。

このシーンで最も痛感させられたのは、この何といっても一回目の即位式に見られた五百余名の臣下と儒教僧たちによる圧倒的な叩頭《こうとう》の礼が、その片鱗すら見られなかったことだ。その寒々としたみすぼらしさの描出のおり、ベルトルッチは式場の遥か遠景に、日本の満州における植民地経営の象徴たる（鉄鋼業か何かの）工場風景を映しだすことを忘れなかった。つまりこのとき溥儀は、単にそれ以前に歴史の大局から取り残された存在にすぎなくなっていたというだけでなく、一路猛烈に破滅へと突進していたその当時のその瞬間における（日本帝国主義の）歴史過程のなかに拉《ら》致《ち》されて、そこでピエロ的な「大役」を果たさせられていたのだ、とあのショットは語っているのだ。本人だけが自分をめぐるこの二重の事情に気がつかない。——かくして、皇帝の即位を待たずに操業を開始し、煙突から煙をたなびかせていたあの工場地帯の望遠レンズによるクローズ・アップは、またもベルトルッチの歴史感覚の鋭さを証明していたのであった。

§3　歴史におけるアナクロニズム

映画前半の即位式があらゆる映画技術を駆使した壮麗な歴史的イヴェントの再現であればあるほど、観る者にそのアナクロニズムの壮大さが迫ってきたのであるが、ベルトルッチはその他にもこの〈歴史そのものにおけるアナクロニズム〉（これはけっして形容過多ではない）を随所に映像化していた。それを思い出すままに再現してみると、食事風景におけるとりわけ毒見役の存在とその挙動、および前々皇帝（同治帝——西太后の子、跡継ぎなし）と前皇帝（光緒帝——西太后に幽閉され、そのまま跡継ぎもなく病死）の中年から年老いた何人もの妃たちの存在が目立っていた。彼女らは自分たちの役割がもはや何もなくなったことに気づいている。歴史から取り残されたものから、さらに取り残された存在——。そういう二重の怨みを秘めた目つきでもって、幼少の皇帝溥儀を一日中じっと監視するのである（例えば溥儀が変形したマザ・コンから乳母アーマーの乳房に顔をうずめる場面*）。——せめて、実体はなくとも、自分のお腹を痛めた子がその地位に就いてくれていたなら……。また彼が近視か色弱かでメガネを掛けるほかなくなったとき、まさに三百年の伝統を破るものというだけの理由でそれを阻止しにかかることによって、わずかに彼女ら自身の存在意義を見いだそうとする姿の滑稽さにおいて、〈歴史におけるアナクロニズム〉はいかんなく描出されていた。

＊　ここはなぜかフィルムが左右逆になっていた。ひょっとしてベルトルッチの悪戯《いたずら》か。

僕にはこの壮大なアナクロニズムは映画を越えてこの現代の日本にも徘徊《はいかい》している気がしてならない（そういえば昨日(1989.2.24) は昭和天皇の「大喪」とやらの日であった)。

§4　子役の重複

この映画は叙事性を基調としていたことは確かであるが、映画ならではのメルヘン（お伽噺《とぎばなし》）性も随所に織りこんでいた。何といってもラスト・シーンのそれは圧巻であった。老境に達した溥儀が立入禁止の紫禁城の太和殿《たいわでん》に歩み入る。そこはかつて彼が第十二代の清朝皇帝として即位したまさにあの宮殿であった。彼が、かつて座った玉座に近よろうとロープをまたいだとき、まだ十歳にも満たない少年紅衛兵がやってきて誰何《すいか》する。そのとき溥儀はあわてずにこやかに、あの六十年前の即位式の日に好人物の侍臣《じしん》チェン・パオ・シェン（陳宝琛）から譲られた小さな円形状の壷を、玉座のクッションの後の隙間から取りだす。それを手渡された少年が蓋を開けながらふと目を上げると、溥儀の姿は消えている。不思議に思ってもう一度筒のほうを見ると、中から古色蒼然たる一匹のこおろぎが這いでてくる——。

この最高に印象的なシーンで一番のポイントはあのこおろぎにあるのではない!! 確かにこのこおろぎにも一つの意味が与えられている。それは、激動の六十年をともかくも生きぬいてきた溥儀の生命力の化身の姿だったのである。だがこのとき遥かに重要な意味は、あの少年紅衛兵に与えられている。彼が八歳前後の溥儀を演じたと同じ子役によって演じられていたからだ。一人二役なのである。子役が不足していたのならばともかく、これは百%ベルトルッチによる意図的なトリックのはずだ。眉をメイクアップによって違《たが》えているので一目では判然としないが、確かにあの少年は若き日の溥儀なのである。僕自身一度目はこのトリックを見抜くことができなかった。二回目の鑑賞のさいこれに気づいたとき、何とすばらしい演出かと感嘆した。それは、この映画全体のテーマである〈歴史と人間〉（これは最高度に硬くて難しいテーマである）を、映画という芸術手段を使ってしか表わせないメルヘンハフトな（お伽噺風の）トリックによって、しかも気づいてみれば見事に直截《ちょくせつ》的に表現していたからだ。

歴史と人間——人間は歴史的な大状況のなかで否応なく翻弄《ほんろう》される。その歴史の激動を主体的に生き抜くことができるのはほんのわずかな（歴史に選ばれた）人間たちか、あるいは自らを歴史先駆的に組織した革命的大衆でしかない。溥儀はもちろんそのどちらでもなかった。すると次のようにいえないか。もし数十年の差でこの少年と溥儀が入れ替わっていたとしたら、溥儀がこの小さな紅衛兵としてここで溌剌《はつらつ》と生活していたかもしれぬ。逆に、この少年が自分と入れかわって、自分の辿ってきた苦難を背負いこんでいたかもしれぬ、と！　歴史のなかにおける個々の人間の互換性（exchageability 交換可能性・交換価値）ということ*。彼は少年に向かって「私も昔ここに住んでいたことがあるのだよ」と明かす。君はいまここに管理人の父親と一緒に住んでいるという。だったら君も私も同じだね。それがほんの数十年ずれただけのことであって、二人がどういう立場でここに住んでいた（いる）か、その間に時代がどう移り変わり体制がどう変転したかは、一人の人間の人生にとってはたいして意味はないんだ、ちょうどその歴史の変化の方からすれば一人の人間の人生などどうでもよいのと同様に、と溥儀は（ベルトルッチは）いいたかったのではあるまいか。

＊　溥儀が西太后によって清朝第十二代皇帝に指名されたときのいきさつとその恣意性・偶然性を思えば、この指摘はいっそう得心されるであろう。つまり、誰でもよかったのだ、溥儀と同世代の幼児でありさえすれば（そしてその程度には西太后から見た必然性・必要性が存在した）。

このシーンの前に、文化大革命（略して「文革」）のさなかの北京の街頭で紅衛兵のデモ隊にぶつかって、溥儀は「彼らは実に若い They are so young.」とつぶやく。溥儀のこの言葉に込められた思いはどのようなものであったか。当然まず、むかし私にも彼らと同様に若いころがあった、という思いが到来したであろう。ついで、当時の自分を振りかえって、そのころの自分が歴史について何も分かっていなかったことに思いが至ったであろう。するとそのことと重ねあわせて、彼ら（目の前の紅衛兵たち）も歴史について何も分かってはいないのではなかろうか、という直感が溥儀を捉えたと思われる。その直感が彼にあの言葉をつぶやかせしめたのではないか。だとすれば、そこには「彼らはまだ若い」というニュアンスもこもっていたはずである。

人間が歴史を担い形成する。これは確かだ。だが他面で、歴史が人間を形成し、規定する。そしてこの後者の側面の重みこそ圧倒的である。単に思想改造を経たからこのような感慨を抱くようになったというのではない。あの強制収容所の体験すらも彼にとってはあくまで一つの体験なのであって、それを含めた全体としての彼の人生が、齢《よわい》六十を越え癌に冒されてそろそろ死期が近づいていることを自覚しはじめている彼に、人生の総括としてそのような思いを抱かしめたのではないか。

確かに歴史のなかで人間は変わりうる（思想改造)。と同時に、歴史においては人間は他の人間とも入れ換わりうるのだ（あのナポレオンがいなくとも、別のナポレオンが登場したであろう、等々……)。溥儀についても、西太后にしてみれば第十二代清朝皇帝として指名する対象は必ずしも彼でなければならなかったわけでなく、他の候補でもよかったはずだ（先述)。関東軍にしてみても満州帝国の初代皇帝として祭りあげる対象は必ずしも彼でなければならなかったわけでなく（彼がベストではあったであろうが)、ほかにも候補はいたはずだ（身近かでいえば溥儀の弟の溥傑、とか)。そういう意味でも、人間はかわりうる（代、替、換）のだ。あの、一人二役の子役はそうわれわれに告げているのではないだろうか。

§5　Open the door！

「扉を開けろ！」この短い命令文は、映画のなかで四回聞くことができる。二回は溥儀の口から出、あとの二回は他者から溥儀に向かって命じられる。

溥儀自身が一回目にOpen the door！と叫ぶのは、母親が大量の阿片を飲んで自殺した（1921）という報を聞いて、一人自転車に乗って紫禁城から北京の街路に出る門のところまで来たときのことであった。あわてた近衛兵たちによってその大きな扉を閉められてしまった溥儀が、ペットにしていた二十日鼠をその扉に向かって投げつけるシーンである。「扉を開けろ！」紫禁城のなかに閉じこめられ、母親の死にも会いにいけない自分と、自分によって可愛がられているとはいえ布袋の中に閉じこめられたままの二十日鼠とはどこが違うというのか。ならば、こんな境遇など糞食らえだ。投げつけられて門の扉に叩きつけられ血まみれになって絶命したあの白い二十日鼠は、溥儀の姿でもあったわけだ。しかしこのときのOpen the door！と何度も繰り返して叫ぶ若き溥儀には、いまだそれだけの怒りのパトスが漲《みなぎ》っていた（他者に対しても己れに対しても）。このとき溥儀は十五歳であった*。

＊　事実としては、母の葬儀にさいして彼は初めて紫禁城から外に出ることが許され、以後しばしば外出するようになった。

二度目は、満州国の皇帝に祭り上げられてのちのことである。

母親の命を奪ったと同じ阿片に毒された正妻の婉容《ワンジュン》が、それでも女の意地にかけて生み落とした（溥儀の子ならぬ）不義の子を、甘粕大尉の命を受けた日本の医者によって即座に薬殺されたうえに、彼女自身は強制的に精神病院に収容されるべく、救急車で王宮から運び去られていくときである*。その車を追って雪の積もった庭を外套も着ずに門まで走ってきた溥儀が、車が走り去ったあとから慌ただしく閉じられようとする扉の前で関東軍の日本兵に向かってこの命令の言葉を吐くのだが、それはもはや力なく彼の口のなかで（それも一度だけ）つぶやかれるのみであって、関東軍兵士たちには聞こえない。たとい聞こえるように叫んだとしても聞き入れられるものではないことを、このときの溥儀は充分に知っていたからであろう。それはまた、彼がすでに己れの傀儡としての存在の無力さを認識していたことを意味する。だからこのときは、一回目の如く怒りとともにではなく、諦《あきら》めのニュアンスとともにこの言葉はつぶやかれたのである。かつて一度目に叫んだとき、近衛兵の長である精悍《せいかん》な面《つら》構えの満州人将校は、溥儀の気持ちを充分に察して、深い同情の気持ちをその眼にたたえながらただひたすらひざまずき頭を下げるのみであった。いま二度目の場面において関東軍の日本人衛兵たちは、それとは対照的に、冷ややかに彼を無視しきった態度で突っ立ったままである。

＊　あの赤ん坊はどう見ても東洋人の赤ん坊とは見えなかった（ベルトルッチ自身の子供で、「映画初出演」だったりして）。なお映画のなかのこのエピソードには史実的な証拠が見当たらず、溥儀が満州で娶った三番目の后の変死という事実をベルトルッチがアレンジしたもの、と推測される。

いずれにせよ、「望むことはすべてかなう」（前出）はずであった皇帝溥儀は、もはや門の扉一つも己れの意志で開けさせることができないことを思い知ったのである。では、もし門が望み通り開けられたとして、彼はどこへ出ていこうとしたのか。

おそらく答は、歴史へと出ていく、というのが正解なのであろう。だがしょせん溥儀には自らの意志で歴史へと出ていくことは許されていなかった。なぜなら彼は前述のごとく、歴史から置き去りにされた存在であったからだ。あの二つの門が彼の命令にもかかわらず二回とも開かなかったのは、彼が歴史から拒否されたことを意味する。

その、歴史に翻弄される溥儀を、真実の歴史へと直面せしめることができたのは、新しい歴史の主人公たる新中国の人民（の前衛党員）だった。映画冒頭、ハルピンの駅で溥儀は、彼の思慮の範囲を越える境遇の余りの激変ぶりと、これから向かう強制収容所における予想される屈辱的な生活とに絶望して、自殺を図る。彼は歴史から逃げたのだ。あるいはせめて、彼を拒否し続けてきた歴史を今度は彼の方から（最後に一回きり）拒否しようとしたのだ、というべきか。このとき、中から鍵が掛けられた駅務室のドアの外から、収容所長のジン・ユアンがOpen the door！と叫びながら、ドアを蹴やぶって彼を助けるのである。歴史から逃げてはいかん、今からでも遅くはない、歴史へと出ていくのだ、お前はずっとそれを望んでいたはずではないか、と。ついで思想改造のための収容所で、初めて取り調べ室の前まで来た溥儀に向かって、ドアのなかから取り調べ官がOpen the door！と一喝する。溥儀はおずおずと自らの手でこの扉を開け、新しい物の考え方に向かって第一歩を踏みだす。

§6　Prove it !

溥儀が八歳になったとき、一歳違いの実の弟、溥傑《ふけつ》が紫禁城へやってくる。二人はまるで兄弟のように仲良くなるが、あるとき溥傑が、中国には兄貴とは別に新しい皇帝が存在する、と衝撃的な情報をつげる（辛亥《しんがい》革命 1911）。それでもあくまで皇帝たる己れの「望むことはすべてかなえられる」オールマイティ性を主張する溥儀に対して、弟は Prove it !（証明してみろよ）と命令する。このとき溥儀はいかにして己れの全能ぶり、すなわち現に皇帝であることを証明したか。傍らの老いた忠臣の一人に向かって、硯《すずり》の墨汁を飲み干すように命じ、それが忠実に実行されるのを弟に誇らかに示すのであった。何と矮小な全能ぶりであろうか！　それに対して弟は兄を連れ出し、ちょうど紫禁城内に自動車でやってきた中華民国大総統・袁世凱《えんせいがい》の一行を屋根の上から眺めさせたのであった。どちらの証明の方が有効であったか。

映画の最後の場面で、紫禁城に住む紅衛兵の少年に向かって老溥儀が「おじさんも昔ここに住んでいたことがあるんだよ」と話しかけたとき、少年は元皇帝の本人に向かって元気な声で Prove it ! と命じる。そこで溥儀は人指し指を一本立てながらいたずらっぽい目をして例のこおろぎの入った円筒を探しに玉座へ登っていく。少年のこの証明要求に応えるときの溥儀は、とっさに彼自身この少年と同じぐらいの年齢だったころに弟にそういわれて憤然としたあの日を思い起したのではなかろうか。いまや歴史の何たるか、歴史における自分の役割は何だったのであり、何でしかなかったのかをそれなりに認識しえている彼には、この少年の要求は可愛らしく思えたはずだ。「おじいさんは昔ここに住んでいた中国の皇帝だったというけど、そのこと〔皇帝であったこと〕を証明して見せてよ。」――まして時が時なら立場が入れ替わっていても不思議ではない孫のような少年に対して、溥儀はいっそう親しみをこめてあの円筒を差し出したに違いない。このときの彼の境地こそ真の諦めに達していたものと思われる。歴史の必然を納得したうえでの諦め。満州「皇帝」であったあの日、「皇后」たる妻が精神病院へと連れ去られる姿を虚しく追ったときの諦めとは、同じ諦めでも大きな隔たりがある。

§7　文化大革命の評価

ベルトルッチは映画の後半で明らかに「文革」を歴史的に相対化して位置づけていた。一言でいえば、あの文化大革命（1965～1969頃）だってそれほど大したことはなかったではないか、と。それは文革がもたらした混乱が相対的に小さかったといっているのではない。そうではなくて、長い歴史のなかにおけるそれがもつ意義の問題である。当時、人々が叫び思い込んだほどにそれは歴史に対して画期的な意義を担ったのではなかったのではないか、ということである。マルキシズムとトロツキズムからの影響を強く受けているといわれるベルトルッチは、実際に文革が進行していたさなかには、これに親近性を感じていたはずである。その彼が二十年後に描く文革の映像は、一人の左翼文化人の歴史観の“成長”を示しているように僕には思われた。

これに関連して、あの誠実な思想改造収容所長ジン・ユアンを「走資派」（資本主義に屈伏した一派）として誰が毛沢東派に告げ口したのであろうか、と考えてみた。おそらく彼の「罪状」は、紅衛兵のいい分から判断すると、旧支配者の長にして侵略者の手先として小さからぬ役割を果たした溥儀に阿《おもね》りすぎたという廉《かど》であろう。とすれば、この所長を名指しで批判したのは、かつて彼の配下にいたあの屈強な尋問官以外にはいない。若い彼はまず溥儀に対して徹底的に己れの歴史的階級的犯罪性を認識し謝罪するよう追及したうえで思想改造に取りかかろうとする姿勢を崩さず、ときとして強硬すぎる糾弾の態度を示していた。そのおりおりに彼をなだめ、一貫して溥儀に対して自発的に思想改造するよう勧めた（まず日常の生活様式の改善から始めて）のがあの所長だったからだ。ここには文革時における（号令を発した当の毛沢東を除く）古参幹部と若手幹部との対立という図式もうかがえる*。

＊　想像をたくましくするならば、あの元尋問官は一時期文革の旗手として権勢をきわめたのち、いずれ「極左派」として確実に粛正されたであろう。

しかも史実として、溥儀を十年弱の収監から平民として早めに釈放したのは、毛沢東自身の判断が絡んでいたと思われるから、話は複雑になる。つまり、反動勢力の頂点にいた溥儀でさえ学習を通して新しい人間に生まれ変わることができたのだということを、中国人民（特にいまだに大なり小なり旧思想を帯びている階層）と世界の人々（革命の成功に懐疑の目を向けている連中）に向かって宣伝するために彼は釈放されたのだ（1959）。収容所長はその毛沢東の指令を忠実に実現した功労者だったのだ。ここで、溥儀に関して辛辣《しんらつ》な見方をするとすれば、彼は釈放からそのご平民として北京で植物園に勤務し人生を終えるところまでも、（それ以前とまったく同様に）あくまで他人の意志によって動かされ続けた超歴史的傀儡だったともいえよう。ベルトルッチ自身はそこまで主張しようとしているのでないことは明らかだが、事柄自体からするとそのように判断しても間違いではないと思う。

§8　歴史と女

溥儀をめぐって五人の女が登場した。母親と、乳母アーマーと、正妻・婉容《ワンジュン》と、第二夫人・文繡《ウェンシュー》と、彼の親族にして日本のスパイでもあったイースタン・ジュエル*である。彼女たちについても少々考察を加えてみよう。

＊　事実としては、彼女は清朝第三代皇帝の順治帝（ヌルハチの孫）の弟から始まる満州王朝の由緒ある貴族の家系の出である。したがって溥儀とは遠い縁戚関係にあるが、従妹ではない。英語の cousin には「親類」という意味があるが、映画ではその意味で使われていたと思われる。なおシェイクスピアやプルーストなどの翻訳にもこの種の不注意が見られる。

例えば、婉容と文繡はなぜあんなにも似ているのかと考えていくと、二人とも溥儀が二歳にして別れさせられた母親の面影《おもかげ》に似ているという基準で選ばれた（に違いない）からだ、ということに思いいたる。また実際の溥儀は不能者《インポ》で男色気味だったようであるが（生涯で五人の女性を妻としているが実子が一人もいない）、それも老若の宦官《かんがん》に囲まれて、ずっと乳母にしか親しめる異性を認めることができなかった境遇によるところが大きかったであろう。そのアーマーが姿を消したとき、彼は She is my Butterfly. とつぶやく。いつのまにか彼女は彼にとって乳母ではなくて「あこがれの異性」となっていたのだろう。

十六歳直前の溥儀が皇后を選ばせられるとき（1922）、彼がはじめに指名したのは年若い文繍の方であった。そのとき彼女は十二歳。しかし家柄等に問題があって御破算となり、かわりに彼と同い歳の婉容があてがわれたとのこと。しかし溥儀の「自由意志」も考慮されて、約一年後の婚礼の日には文繍を同時に第二妃とすることに決まったのだという（慣例では清朝皇帝は皇后の他に三人の妃を持つことができた）。映画では婉容との婚礼の場で彼女の案内役を務めた十三歳の文繍の愛くるしい顔の表情が実に印象的だった。その文繍は溥儀が日本の傀儡に落ちぶれようとするとき、自らの意志で離婚を宣言してすがすがしい表情で去っていった（1931)。一方、皇后婉容は否応なく彼に従って満州までついていったが、夫と精神的交流も性関係もない寂しさを、阿片と例の運転手相手の浮気によって紛らせていた*。阿片を吸い始めたのはイースタン・ジュエルのそそのかしによるが、それは彼女を通じての甘粕の計略であった。満州皇帝に万が一にも世継ぎができては日本にとって困るからである（ところが男児を生んだので迷うことなく薬殺したわけだ)。

* 映画ではこの運転手は、婉容が身籠った直後にピストルで消されることになっているが、事実としては戦後ずっと長生きして一九八五年に北京で天寿を全うしたという。

話は進んで、日本の敗戦によって満州国が自動的に崩壊し、溥儀が吉岡大佐以下の関東軍将校とともに飛行機で日本に逃亡しようとするところへ、ちょうど精神病院から婉容が王宮へ帰ってくる（病院の連中に体よくやっかい払いされたのであろう)。このときの、彼女の狂気の様は戦慄《せんりつ》的であった。あそこの演技だけでもあの女優（ジョアン・チェン）は映画史上に記憶され続けるであろう。歴史において抑圧は一般に男よりも女性にいっそう重くのしかかる。そのとき女にできることといえば、呪いしか残らぬ、というのが（ここで突然だが）シェイクスピアの描く女性像の一つの典型である（その代表は『リチャード三世』におけるマーガレット元王妃）。元の清朝皇后である婉容もその例外ではない。夫の顔すらもほとんど識別できぬ彼女は、ひたすら憎悪の対象たる甘粕大尉を求めてよろける身体を王宮の二階に運び、そこに拳銃自殺した彼の姿を認めるや、その死体に向かって唾を吐きつけるのであった。彼は夫を歴史の笑い者に仕立てあげ、自分から夫を奪ったうえに自分を阿片中毒に陥らせたあげく、あまつさえ、不義の子とはいえ苦労して生んだわが子を薬殺せしめた張本人であった*。

* 甘粕は実際には青酸カリによる服毒自殺であった。

憎悪と怨念の塊となったこの彼女の姿はまた、あの戦争で殺された二千万余の中国人・満州人の日本人に対する、或いは昭和天皇に対する呪いが形象化された姿であったともいえよう。死んだ天皇に対していまその戦争責任を指弾するのは死者に対して礼を失する態度ではないかという声がある。その声の持ち主はこの映画のなかで、自殺した直後の甘粕に向けて唾を吐きかける婉容の姿を見て、同じく死者に対する礼を失した態度として批難するだろうか。

§9　布の表情と肌ざわり

これまでこの映画の主題に関わると思われるポイントをとりとめもなく書き連ねてきたが、残るスペースを今度は、映画の主題とは関わらない点について記してみたい。第一に布についてである。

僕の確信として、ベルトルッチは是非ともこの映画のなかで布の美しさ、すなわち布の生地《きじ》自体の美しさ、その様々な色艶《つや》と様々な肌ざわりの微妙な感触を映像に撮りたかったのだと思う（それは素人《しろうと》が思う以上に難しい業のはずだ）。それを列挙してみよう。

まず二歳の溥儀が皇帝に即位するあの日、彼がつかもうと走り寄ると風にふくらんでふわっと舞い上がる黄色い幕。幼少の溥儀を寝つかせようと乳母がお伽噺を聞かせ、その物語の中身に合わせて若い父親が溥儀の寝台にかかっている透かし模様入りの薄い絹のカーテンを口から息を吹きつけてそよがせるシーン。家庭教師ジョンストンが新型の自転車に乗って宮殿にやってくると、溥儀は数学の宿題をそっちのけにして若い宦官《かんがん》たちの遊び仲間と白い無地の大きな布でもって「誰かさん Who is who? 」遊びに興じているところ（あれは明らかにホモ的な一種のマスターベイションを意味していた）。

さらには、紫禁城の彼の寝室にはじめ婉容が、ついで文繡が彼に抱かれにやってきて、三人とも裸でここでも「誰かさん」遊びをするところ。あのベッド・シーンはまったくリアルなエロティシズムが感じられなかったが、それもそのはず、ベルトルッチの狙いは（溥儀がインポであったという含みを前提に）隣の宝物館の（宦官の放火による）火事の炎に照らされて浮き上がるあのピンク色のシーツの光沢の美しさを映しだすところにあったからだ（？）。順序は前後するが、結婚式の夜の婉容の衣装のゴテゴテした刺繡だらけの布の美しさ（仮にあれを美しいということができるとすれば）も狙いの一つであったろうし、彼女に限らず西太后の死の場面等々での、旧王族の女性たちの着けた衣装すべてが同様に布の美の描出の対象となっていたと思われる。ずっとのちに、満州国の皇帝就任を祝うパーティの席上、すでに阿片に毒され始めていた婉容が夫に呼ばれて二階から階下の会場に降りていくとき、後から付き添うイースタン・ジュエルの黒いドレスの長い裾と緑色の絨毯《じゅうたん》とが擦《す》れ合う感触も印象的であった。最後に、紅衛兵たちが文革のさなか、街頭の一角で真紅の大きな旗をなびかせて見事な仕草で風を切るパフォーマンスを満喫させてくれたが、あれもベルトルッチの布への思い入れによるサーヴィスであったとしか考えられない。

§10 『アラビアのローレンス』のパロディ化

上記した布の描写をこの映画監督の一つの遊びだとすれば、彼はおそらくもう一つ別の遊びをこの映画のなかで楽しんでいたと思われる。それは所々に『アラビアのローレンス』にあったシーンのパロディを挿入するという細工である。もちろんそれらは当然『アラビアのローレンス』でタイトル・ロールを演じた名優ピーター・オトゥールが、溥儀の英人家庭教師ジョンストンの役として登場する場面に限られていたが。

まず、ジョンストンがこの映画に初めて登場する場面からしてそうである。五四《ごし》運動（1919）における北京の学生たちの、日本の対華二十一ヵ条要求に抗議するデモのさなかを、ジョンストンが車に乗ってクラクションを鳴らしながら群衆をかきわけてやってくるのを見て、直ちに僕は『アラビアのローレンス』における三つのシーンを連想した。すなわち、アカバを占領してカイロに戻ったローレンスが英軍のトラックに乗ってカイロの雑踏の中を走りぬけ司令部に乗りつけるところ。ホセ・ファラー演じるトルコ軍司令官の乗った軍用の高級オープンカーが、デアラの町に変装して侵入したローレンスを危うくはね飛ばしそうにしながら水たまりの街路を疾走していくシーン。および、映画のラストで大佐への「栄進」と引きかえにアラビアから本国に体《てい》よく召喚されたローレンスが、ダマスカスからの砂漠道を、昨日まで同志だったアラブ兵を尻目にしながら港へと走り去るところ。これらすべてにおいて（少し鼻に抜けたような）同じ音色のクラクションが鳴るのであるが、それは『最後の皇帝』のあの場面におけるクラクションの音色と同じものであった（カイロのトラックをのぞいて同じ年代のほぼ同じ型の車だから〔たぶんロールス・ロイス〕これは当然か）。

ジョンストンと溥儀の出会いと別れにおける握手のしつこさも『アラビアのローレンス』にあった。ジョンストンが溥儀から中国風の帽子を下賜《かし》されて、その場でかぶってみる場面は、ローレンスが単身でガシムを救出したあとアリからアラブの族長の晴の衣装を譲りうけて、丘をまがったところで誰にも見られずに短剣を鏡がわりにして自分の姿に一人悦に入るシーンを連想させた。ものものしくも大仰な食事風景（あの毒味役つきの）においてジョンストンがテーブルいっぱいに並べられた異国料理を前にして神妙な顔つきでかしこまるさまは、ファイサル王子の陣地に向かう途中で案内役のアラブ人からなつめやしの煮付けを「ごちそう」になって、うっかり It's good. といったばかりにさらにもう一つ食べさせられるはめに陥ったときの、ローレンスの困惑した表情そっくりであった。溥儀と初対面の日、学習部屋の壁一面に貼ってあった有名な「孔子と荘子の対話」の場面（もちろん架空の話）

の漢文をジョンストンが興味深げに眺めていると、それに気づいた溥儀がその意味を彼にそらんじて説明する場面があった。『アラビアのローレンス』ではファイサル王子の野営地に到着したその夜、王子のテントの中で（逆に）ローレンスが王子にコーランを暗誦《あんしょう》してみせたのであった。

なかでも二つの映画の演出上の一致がはっきりしていたのは、次の場面である。すなわち、紫禁城の外に出たいというフラストレィションが爆発して、高い屋根のうえでわめいているうちに転倒し、危うくはるか地上に墜落しそうになった溥儀を、声を掛けて落ち着かせながら自分の手を延ばしてようやく救出することができたジョンストンことピーター・オトゥールの演技は、シナイ半島を横切る途中で流砂に飲み込まれようとする少年ダウドに自分のターバンを投げつけて、必死にひっぱりあげようとするローレンスの虚しい努力のシーンと、ただ結果が逆なだけで、あとは完全に重なっていた。

それにしてもこれらの一致は僕の考えすぎなのか、それともあの映画そのものが意図的に仕組んだものなのか。もし後者が正しいとすれば、それはまた次の二つのうちいずれか一つによるのか、それとも二つが絡んだ末のものなのか。すなわち、ピーター・オトゥールがジョンストンを演じるにあたって、ベルトルッチに『アラビアのローレンス』（二十五年前の！）のときの演出を思い出しながらアイデアを提供した（というより、押しつけた）のか、それとも『アラビアのローレンス』で世界的に有名なピーター・オトゥールを起用したベルトルッチが、ふと悪戯《いたずら》心を起こしてこの二十世紀の最高傑作の一つを色々にパロディ化してみたのか。どちらにしてもベルトルッチが、ディヴィッド・リーンを歴史映画のジャンルの大先輩として最大級に尊敬していることは確かであろう。

考えてみれば、そもそもジョンストンとローレンスの立場は酷似《こくじ》している。ローレンスはイギリス陸軍の情報将校（当初中尉）だったのに対して、ジョンストンはイギリス植民地省の高級官僚であった。二人は王子の軍事アドヴァイザーもしくは皇帝のチューター（家庭教師）でありつつ、同時に二人ともイギリスに情報をもたらすスパイであったことも明白だ。つまり、ジョンストンは（アラビアの）ローレンスの二番煎じなのであり、なりそこないなのだ。なぜなりそこないなのか。それは、片や民族解放勢力の主体のまっただなかへと躍り込んだのに対して、ジョンストンは反動勢力の中心に出向いたからだ。だから、結末として前者が悲劇にしかなりえないとすれば、後者は喜劇として描かれるのがふさわしい。だとすればこの映画でジョンストンがローレンスを演じたと同じ役者によってローレンスのパロディを演じていた（つまり何がしか喜劇化されていた）のは案外必然的な成り行きだったのかもしれない。

§11　カメラワークその他

そのジョンストンが紫禁城に到着して帽子を賜わるシーンの直前、外から群衆（学生たちのデモ隊）のシュプレヒコールの声がかすかに聞こえ、ついで銃声が聞こえる（前述の五四運動）。このとき外で何が起こっているかを知りたくてたまらない少年溥儀（十三歳）は、しかし紫禁城（のほんの一角）から出ることもかなわず、ただ庭の石畳にしゃがみこみ、そこに耳をつけて外の音を探ることしかできない。このときの彼の気持ちを代弁するかのように、カメラは溥儀の目線（石畳すれすれの）から見た、紫禁城の中国特有の建築様式を示す瓦の屋根の連なり（すなわち、彼の視界と知見を遮《さえぎ》るもの）をぐるっとなめまわす。――このショットの美しさには舌を巻いた*。『アラビアのローレンス』のフレッド・ヤングというカメラマンも凄かったが、この『最後の皇帝』におけるヴィットリオ・ストラーロのカメラワークも絶品だと思った**。そもそも前記した、あの様々な布の表情をカメラに捉えることからして、彼の腕の水準が超一流であることを証すに十分であるのだが。

* この場面の直後に溥儀はその屋根に登り、墜ちそうになる。

**『アラビアのローレンス』のモーリス・ジャールの音楽と『最後の皇帝』の坂本龍一の音楽については、僕にはなぜか比較する気が起こらない。

もう一つ記せば、馮玉祥のクーデターのさい突然兵士たちが紫禁城に乱入してきたとき、それまで（贅沢にも！）テニスを楽しんでいた溥儀たちのかたわらで、彼らのためにお茶を盆に乗せて立っていた執事ビッグ・リー（大季）の膝が恐怖でガクガク震えだす。すると手にしたお盆も揺れるから、その上の茶碗とその蓋とが小刻みにカタカタと音を立て始める。――この迫真の演技指導もなかなかのものだと感心して観ていた*。

* ちなみに、史実としてあのテニスコートは、宦官たちに放火されて焼失した（これも史実なのだ）宝物館の焼け跡に作られたのだという。

§12　気になったこと

ウィーンでこの映画を観ていて一つ気になって仕方がないことがあった。溥儀が文字どおり中国の『ラスト・エンペラー』であって、少年の彼を紫禁城に閉じこめたまま清朝が崩壊していくさまは、東洋の歴史に関する知識がそれほどなくとも映画を観ていれば伝わってくることだ。だが、五四運動での日本の対華二十一ヵ条要求反対ののぼりや、紅衛兵のデモのシーンでの「走資派」を糾弾し毛沢東を賛美するスローガンが、すべて漢字で書かれているのがスクリーンに大写しにされたりすると(「取消二十一條」「造反有理」「反革命分子」等々)、独語版、英語版とも字幕での漢字の説明は皆無であったから、(幸い東洋人である僕は別として)まわりのオーストリア人はいま一つ場面の状況理解にもどかしさを感じているのではないかしらん、だとしたら彼らにとってははじめから、この素晴らしい歴史映画を全面的に味わうことに少しでも欠けるところが生じるわけで、実に惜しいことだ、と他人事《ひとごと》ながら気になったものだ。

しかし帰国後冷静に考えてみると、(自分のことは棚に上げたうえでいえば)対華二十一ヵ条要求にしても、日本による満州国でっちあげのプロセスにしても、十五年戦争（1931年の満州事変の勃発から1945年の太平洋戦争の終結まで）における中国・満州での日本軍の行状にしても、はたまた文化大革命の何たるか、紅衛兵とは何であったか、にしても、(たとい画面に漢字が出てくる分、親近感を覚えるとしても）はたして日本の若い人々や学生がどこまでそれらを理解したうえであの映画の世界に密着できるか、これまた気になりはじめたのである。封切直前に日本では、この映画の後半での南京大虐殺などの記録フィルムのシーンがカットされたり一部復活されたりで話題となったそうであるが、それよりも日本が直接に責任を負う二十世紀の東洋の歴史についてはほとんど学校教育からシャット・アウトしている現状の方がずっと深刻な問題であり、犯罪的なのではなかろうか*。

＊　あのシーンの（配給会社による）無断カットという不始末は、これとは別に、日本における表現の自由の軽視、および芸術作品の固有の尊厳を踏みにじっても平気でいられる日本人の文化的な野卑さ（例えば、クラシック音楽の名曲を無神経にＣＭに使う、など）という問題視角からも考える必要があるだろう。

という、わが社会科学分野の学生・教員にとっては当然のコンセンサス（一致した意見）に帰り来たって、この垂れ流し的文章をおしまいとする。

（1989年2月）

【付記】資料として、① ロンドンの映画館で購入した E.Behr, The Last Emperor (Futura Publ.)、② 溥儀『わが半生』上・下（小野忍・他訳、筑摩書房)、③ R.F. ジョンストン『紫禁城の黄昏』（入江曜子・他訳、岩波文庫)、④ 日本で購入した映画プログラム、⑤歴史辞典、を参照した。

上記した文献 ② ③ はともになかなか読みごたえがあった。当然、映画と史実とのあいだのずれもいくつか見つかったが、映画の解釈にとって本質的とは思われなかったので一々全部を注記することはしなかった。

一点補記すれば、溥儀の四番目の妹は革命後北京の故宮（紫禁城はその中心部）で古文書整理係として働いていたという。僕は小論のなかで溥儀と紅衛兵の少年（旧ソ連でいうとピオニール）を取り上げて、歴史における個々人の交換可能性ということを論じたが、この主眼点はもちろん当の二人の具体的な入れ替えの可能性に置かれていたのではなかった。だが上の事実を知ってみると、数十年の差で実際に少年溥儀が紫禁城の管理の仕事に携わったり（中国革命が半世紀早く成就していれば）、逆にあの少年が溥儀の縁者であって清朝の『ラスト・エンペラー』に祭り上げられていたかもしれない（革命が半世紀遅れていれば）という可能性がまったくなかったわけではなかった、と気づいて少々興奮した。とすると、実際今頃溥儀の甥か姪があそこで案内役をやっているのかもしれない……。
【追記】とこうするうちに、一九八九年六月四日、天安門前広場（紫禁城の前面に位置する）での歴史的虐殺事件が起こった。この報道に接して僕にも複雑な思いが去来したが、と同時に、あたかも『ラスト・エンペラー』で描かれていた中国の歴史がそのままスクリーンから出てきて、この瞬間における中国の現実へと接続しただけのことであるかのようにも感じられた（殺された学生たちには無慈悲ないい方かもしれないが）。この「六四弾圧事件」は果たして新たな「五四運動」を呼び起こすであろうか。

II　ノモスとピュシスの弁証法

——オペラ『アウリスのイフィゲニア』の
演出をめぐって——

はじめに

一九八七年の八月から翌年の四月までのウィーン研究滞在中、印象深いオペラをいくつか観る機会があったが、ギリシア悲劇に材をとったグルックの『アウリスのイフィゲニア　Iphigénie en Aulide』(1774年初演)もその一つであった。グルック C.W.Gluck (1714-87) はハプスブルク家時代のオーストリアのオペラ作曲家で、主にウィーンとパリで活躍し、オペラの近代化に大きな寄与を果たした。僕は彼の作品を観るのはこのときが初めてであったが、その音楽自体がたいへんに魅力的であったのには驚かされた*。とはいえこの小文で僕が主として述べたいのは、そうした音楽面での印象**についてではない。それを文章として表現するのは一般的にいってきわめて難しいから、という事情もあるが、むしろ僕がこの公演で深く人間学的・哲学的思索へと刺激されたのが、素材自体の、神への犠牲というテーマがもつ意味射程についてと、それを照らしだす演出と舞台とからであったからだ。この演出と舞台を観たさに、僕はさらに二回オペラハウスに通ったほどだ（ちなみに三回とも一回二百円程度の立見席で鑑賞)。

＊　のちに観たモーツァルトの『イドメネオ』（1781 年初演、同様にギリシア悲劇から題材をとり、テーマも同じく神への犠牲を扱っている）に比べて、僕は音楽的に判断して断然グルックの方に軍配を挙げたい。『イドメネオ』こそ数あるモーツァルトのオペラ作品の中で隠れた最高傑作だという説もあるそうであるが。

＊＊　一言だけいい添えるならば、ストーリーの展開上それぞれの登場人物のそのときどきの情感を実に素直に美しい音楽に表現している点（リヒャルト・シュトラウスのオペラはこの点でまるで正反対であって、なじめなかった）、また合い間合い間での舞踏曲なども心地よい音楽であった点、が印象的であった。

さてこれから僕の独断と偏見に満ちた印象を綴《つづ》らせていただくわけであるが、その前にこのオペラの粗筋を確認しておいたほうがのちのち好都合であろう。

【粗筋】　時はトロイア戦争が始まろうという前夜。トロイアに出陣すべく全ギリシア軍が軍港アウリスに結集していた。しかし海は凪《な》いだままだ。司祭長カルカス（バス）によれば、それは狩猟の女神アルテミス*がギリシア軍の総司令官アガメムノン（バリトン）の長女イフィゲニア（ソプラノ）の心臓の血を犠牲として要求しているからだという。アガメムノンはいったんはイフィゲニアを互いに愛し合う勇将アキレウス（テノール）と結婚させるという口実で、彼女を妻クリュタイムネストラ（メゾ・ソプラノ）とともにアウリスに呼び寄せようとしたが、悩んだ末に腹心の部下アルカス（バリトン）に命じて二人をミケーネに戻らせるように計らう。しかしアルカスと二人は行き違いにおわり、彼女らはアウリスに到着してしまう。その場でアガメムノンの意外にも冷たい（と見えた）出迎えにあった妻クリュタイムネストラが夫を質《ただ》すと、アキレウスがイフィゲニアを欺いたので結婚式は取り止めにすると告げられる。これを伝え聞いたイフィゲニアがアキレウスを責めると、それは本当ではないことがわかり、二人はいっそう深い愛で結ばれる。〔第一幕〕

＊　ローマ神話のダイアナに当たる。

結婚式の用意にイフィゲニアは花嫁衣装を身に着けようとしている。アキレウスが彼女を式場に導くべくこの場に到着する。このときアルカスが沈黙を破って、イフィゲニアが祭壇に向かうのはアキレウスとの婚礼の式を挙げるためではなく、アルテミスへの犠牲として命を失うためであることを打ち明ける。母クリュタイムネストラはアキレウスに娘の命を守ってくれるよう懇願する。彼はそれを約束し、直ちにアガメムノンに翻意するよう直談判《じか》に出かける。だがアガメムノンは軍の総司令官という公的立場上これを拒否するので、二人は決闘となる。がそのさなか、戦いながらも自責の念に駆られたアガメムノンは突然剣を投げ出し、再びアルカスにイフィゲニアを秘密裏に逃がすよう命じる。〔第二幕〕

ところが逃避行の途中でイフィゲニアは立ち止まり、再び父のもとに戻って自ら進んで犠牲になるといいだす。それは父の総司令官としての名誉を守るためだという。アキレウスと母の必死の説得にもかかわらず、彼女はその決心を変えようとしない。アウリスに戻ったイフィゲニアは、司祭長カルカスと犠牲式を見ようと集まった兵士や群衆の待つ祭壇へと進みでる。このときクリュタイムネストラは絶望のあまり狂ったように叫びながら、神々の王者ゼウスにむかって目の前の祭壇とギリシア軍の全船団とを破壊してくれるよう懇願する。カルカスがまさにイフィゲニアの胸に剣を突き刺そうとしたとき、突然嵐と雷が祭壇を襲う。混乱のあいだにアキレウスは麾下《きか》のテッサリア軍を指揮してイフィゲニアを連れ去る。ここにテッサリア軍と他のギリシア軍との間にあわや内戦が起ころうとする。ゼウスがクリュタイムネストラの祈りを聞き入れたのだ。このときに及んで司祭長カルカスは、あの突然の嵐はイフィゲニアの命が赦《ゆる》され、いまやトロイアに向けて全ギリシア軍が一致団結して出陣すべき時であるというゼウスのお告げである、と宣言し、両軍および群衆を鎮《しず》める。イフィゲニアとアキレウスはめでたく式を挙げ、ついでギリシア軍は勇壮なマーチに乗ってトロイアに向けて出陣する（あの嵐以来、海に風が吹きはじめたということらしい)。〔第三幕〕

§1　赤い布

さて、一九八七年の十一月に僕がウィーン国立歌劇場（Wiener Staatsoper ヴィーナー・シュターツオーパー）で観た『アウリスのイフィゲニア』は、ドゥレーゼ C.H.Drese の新演出によるプレミエ（初上演）を迎えたばかりであった。僕は冒頭に述べたようにこの公演に大きな感銘を受けたのであるが、それはこのオペラがイフィゲニアの犠牲をめぐって、ノモス（規範・制度）とピュシス（自然・人情）の対立・葛藤を鮮やかに描いていると思えたからである。それには前記したようにグルックの音楽自体もさることながら、ドゥレーゼの演出（と H. シャーフェルノッホによる舞台装置）の役割が大きかった。ドゥレーゼは元来がオペラ演出家であるが、このときは当のウィーン国立歌劇場の総裁 Direktor その人であった。つまり総裁がじきじきに direkt 演出を担当したわけである。ドゥレーゼ自身のこの演出にあたっての意図はのちに若干紹介するつもりであるが、僕は（彼の意図とは独立に)、彼のこの演出自体が〈ノモスとピュシス〉の葛藤という、ギリシア悲劇の本質的主題への優れた洞見を示していたと見た。

ここでノモス *Nόμος*, nomos とピュシス *ψύδις*, physis というギリシア語の語義を確認しておこう。ノモスとは習慣・法律・制度・規範・人為を意味し、これに対してピュシスとは自然・人情・生得の素質・本性を意味した。この両者のあいだの葛藤と融和という主題はギリシア思想の中核であり、したがってまたギリシア悲劇に一貫しているテーマでもあることは、思想史の上で周知の事柄である*。だがこの主題は、単に古代ギリシアの人々ないし社会にとって深刻な問題であったというに止まらず、人間の歴史に普遍的な対立でありつづけたし**、現にいまもそうであるだろう。だからこそドゥレーゼの演出をこの主題の観点から吟味することには、現代的な意義があると思われるのである。以下この演出の重要なポイントについて、三つほどに絞って感じたことを述べてみたい。

* この対概念の概念史的な研究として、帰国後 F. ハイニマン『ノモスとピュシス』廣川洋一・他訳、みすず書房、を参照した。なお、ギリシア語訳の『聖書』においては、ノモスは「律法」を意味した(第二部II p.172、参照)。

** 例えば、日本人の「義理と人情」のあいだの葛藤も、その一特殊例であるといえる。

第一は、赤くて長い布についてである。バロック風の聴きごたえのある序曲が演奏されはじめると、舞台の中央最奥にアガメムノンが登場する。すると上方から幅が広くて(一メートル以上か)長い(十メートル以上か)濃い緋《ひ》色の厚手の布が彼に向かって落ちてくる(**スケッチ1**参照)。彼はまずこれを二巻きほど身に絡ませたうえで、なお長く残った布を重たげに引きずりながら、悩み深げにゆっくりと舞台の前方に歩み出てくるのだ（ちょうど序曲が終わるまで）。

この布が演出上何を象徴するのかは誰の目にも明らかである。まずその緋色は血の色そのものであるが、これはこれから犠牲に供されようとするイフィゲニアの血を象徴する。これに対して、この布が舞台上方の高いところから、つまり天空からスルスルとアガメムノンの肩へと落ちかかるのは、神への犠牲がノモスからの命令として彼に直撃したことを意味すると思われる。——ピュシス（自然の情）の最も熱い証しとしての血、しかも彼にとって肉親中最愛の（と思われる）娘の血をノモス（制度・掟）に捧げることによって、ノモスの絶対的権威に服せよ、という厳命として！　この布はこののちオペラが結末を迎えるまで舞台のうえを支配する。

第二幕の間奏曲のところで、クリュタイムネストラが奥に退いていきながら（このとき赤い布は彼女が手に引きずっていた）、入れ違いに奥から出てきた夫アガメムノンの身体に、この布を恨みをこめて巻きつけていくシーンがあった。ここでアガメムノンは、娘イフィゲニアを犠牲に捧げることが単に一人の娘を失うことを意味するだけでなく、加えて妻をも失うこと、ひいてはすべての肉親との絆、肉親とのピュシスをも失うことを意味するということを突きつけられたのだ。イフィゲニアの母親たるクリュタイムネストラは、ここでそういう決意を夫に示したのだ。

なお、司祭長カルカスの鬘《かつら》の髪もどぎついほどに赤い色であった。これもまた赤い布と連動した、演出家の意図的なものであろう。というのもおそらくこの髪の色は、ノモスの側のイデオローグ（思想的代弁者）たるカルカスが、同時にピュシスからの犠牲

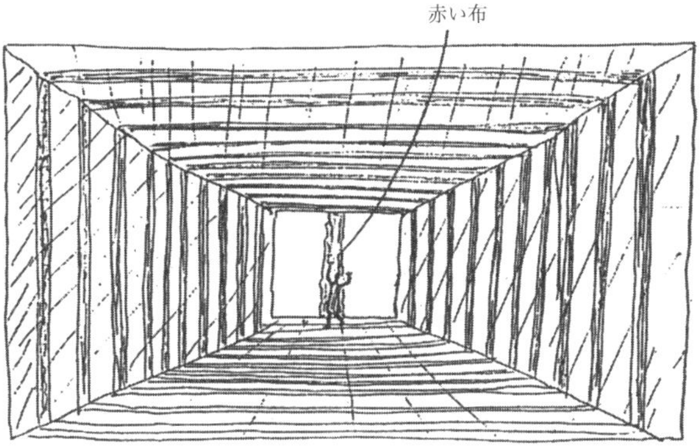

スケッチ1（著者自筆） 序曲、アガメムノンの登場

スケッチ2（プログラムより） 舞台の基本的な枠組

としての血を直接に左右する執行者でもあることを象徴していたと思われるからだ。オペラの進行上このカルカスは主役四人に優るとも劣らぬ重要な役割を担っていたのであるが、彼についてはまたのちに触れてみたい。

§2　舞台の枠構造

第二に、舞台全体を支配する枠構造についてである。これは上演中ほとんどずっと白と黒の縞模様に見えた（**スケッチ2**参照）。はじめこの舞台装置を眼前にして戸惑ったのは僕だけではなかったと思うが*、次第にこの縦と横の強烈な線による枠がノモスそのものを意味するように思えてきた。ノモスの強固で動かしがたい制約に縛られ包み込まれつつ、その内部を舞台として人間たちが己れの内面に沸いてくる押さえがたいピュシスをいとおしみ迸《ほとばし》らせる姿、それがまたどうしても構造としてのノモスを打ち破れないという事情、を見事に示しているのではなかろうか、と。以下この点について幾つかの角度から検討を加えてみたい。

＊　ウィーンのオペラ・ファンたちにはこの舞台装置はきわめて評判が悪かった。なぜだったのだろうか。

オペラの最後は、イフィゲニアが救われてアキレウスとめでたく結ばれることになっている。祝賀のための華麗なバレーの場面も見せ場・聴かせ所の一つであった。だが二人が幸せそうに手を取り合ってそのまま舞台から見えなくなるまで奥に退いていくかと見えたとき、舞台の真ん中あたりで急にイフィゲニアがアキレウスの手を振りほどいて一人先に奥に走り去っていった。このときとっさに僕の脳裏に一つの疑惑が沸いてきた。本当は彼女は救われたのではなく、あのまま犠牲にされてしまったのではなかろうか、と。

この疑惑を感じながらオペラの進行を見守っていくと、フィナーレにおけるギリシア市民兵の進軍マーチの場面で、兵士たちの背後の舞台最奥の真正面に、先ほどまでの衣装とはちがって、ギリシア風の簡素で純白なドレスを身にまとったイフィゲニアが見えた。彼女は片手を上に差しのべつつ左斜め上方を仰ぎみるポーズで、身じろぎもせず佇《たたず》んでいた。その姿は神々しい光の下にまるで女神の彫像のごとく白く輝いていたが、このとき僕は彼女がもはやこの世のものでないことを確信した。

このラストシーンにおける一連の演出は結局次のことを示していたのではなかろうか。すなわち、実際はイフィゲニアを犠牲として殺してしまった（ないしそれを阻止することができなかった）アガメムノン、クリュタイムネストラ、アキレウス、さらには誰よりも殺害の執行者たるカルカスといった個々の人物が、己れのピュシスに対する疚しさを合理化しようとして事後的に彼女を神聖化したのだ、というからくりを。この疚《やま》しさは、いうまでもなく彼らがノモスの方をピュシスに優先させた（させざるをえなかった）事情に伴って生じたものである。

ストーリーの上では最終幕でアキレウスがイフィゲニアを祭壇に集まった群衆の手から救出し、それが因《もと》で彼の指揮するテッサリア軍と他のギリシア軍との間に内戦が起こりはじめたとき、司祭長カルカスは両者を宥《なだ》めたうえに、両軍ともに「外敵」たるトロイアに向けて進軍せしめることに成功する。ここには社会の内的矛盾を外部への侵略によって「解消」しようとするという、人類史を貫く政治的常套手段が示されている。ということは、アキレウスはまだなお生きているイフィゲニアを救いだしたとは必ずしも受け取らなくていいわけだ。彼女が民衆の不合理な嗜好《しこう》（後述）の餌食になったことに憤《いきどお》ったアキレウスが、自分の部隊を率《ひき》いてギリシアの他の部族に反旗を翻《ひるが》えしたと考えても歴史評価的には等価であるし、またその方が本当らしくもあるのではなかろうか。それを宥《なだ》めるための妥協としてカルカスはいま殺害したばかりのイフィゲニアを事後的に神聖化し神格化する。結局、フィナーレの神像のごとくに佇む彼女の姿には、こうした一連の人類史的に普遍的な欺瞞が隠されていたのではなかろうか。

ここでどうしても見落としてならないのは、そうした状況の基底に一貫して横たわる、民衆・群衆の権力者へのルサンチマン（怨恨）である*。彼らはギリシア社会内部においてそれまでにも抑圧による鬱屈《うっくつ》を溜《た》めていたであろうし、いままた彼ら一人一人にとっては何の必然性（必要性）もなく何の得にもなりそうにない戦争へと駆り出されようとしている。つまり彼らのピュシスに対するノモスによる抑圧が一つの極点に達しようとしていたといってよい。犠牲式はこうした彼らにむかってこそ意義がある。権力者（この場合自分たちの総司令官**！）の最も近しい血縁者を犠牲として文字どおり血祭りに挙げることによって、気晴らしと満足とが与えられる結果、彼らは再びノモスの強制に従順に従う気になるのだ。俺たちはこれから遠く長く肉親から離されようとしており、それどころかおそらくは異郷の地に骨を埋《うず》めねばならない。でもあのお偉い総大将ですら真っ先に最愛の娘を犠牲にしたのだから（しかも結婚前夜という人生の花の盛りの絶頂において）、ここは一つ俺たちだって自分のピュシスから湧いてくるノモスへの不平不満は押さえてやってもいいかな、と。まさにその証拠を自分の眼で確かめようとして、群衆（すなわち兵士たち）は司祭長カルカスの主催するアルテミスの祭壇のまわりに集まってきたのだし、また集められたのでもあるのだ。この事情もドゥレーゼの演出から読み取ることは易しかった。とすれば、ラストシーンにおけるイフィゲニアの神格化は、単にアガメムノンやカルカスたちにとってのみならず、大衆・平民としての彼らギリシア市民たちにとってもそのピュシスに対する疚《やま》しさの合理化を意味していたわけだ。

＊　ルサンチマン ressentiment〔仏〕の原義は、感情 sentiment が逆流する・内向する re- ということであろう。例えば臣下は主人の理不尽な仕打ちに対する憤《いきどお》りを日々こらえなければならない。大事な点は、これが大衆化したとき、いつかは外に向かって爆発する、ということである。暴動や革命がそれである。またそうでなくても、俺たちは死んだら天国にいけるが、奴らは絶対地獄墜ちに決まっている、という「精神勝利法」（魯迅『阿Q正伝』参照）も、立派なルサンチマンのありようである（ニーチェのキリスト教批判）。

＊＊　アガメムノンはそもそも（当時のポリスのなかで最強の）ミケーネの王である。

結局はノモスがピュシスに勝利したということ、それも二重の意味で——。すなわち第一に、既存のノモスがピュシスとの軋《きし》みのなかで危機に瀕《ひん》しつつも*勝ち残ったということ。のみならず第二に、このノモスはさらなる内面化、イデオロギー的合理化を通していっそう強化されたということ（これが宗教の教義・儀式を洗練していく）。かくして規範意識は人々のあいだに「共同幻想」としていっそう内面化し擬似主体化していく。

＊　確かにアガメムノンの二度までの逃亡指示、公然たるアキレウスの反抗、クリュタイムネストラの捨身の呪詛《じゅそ》、総じてこれらのピュシスか

らの抵抗に面して、このときポリスの連合体としてのギリシア社会のノモスは破綻《はたん》しかかっていたと解しうる。さらにはいま述べた群衆のルサンチマン、および後述するアガメムノンの女神アルテミスに対するそもそもの傲岸《ごうがん》な態度（p.230）も併《あわ》せて考えられたい。なお、海が凪《な》いでいるので船団が出港できないというのは、そのときこれらの社会的軋轢《あつれき》が存在していたことの神話的いい換えと読まれるべきであろう。

ここで司祭長カルカスの役割に注目してみよう。彼こそはこの一連の壮大な政治的狂言の台本作家兼演出家である。実際オペラのなかに、カルカスが民衆に迫られて、それまで彼らには伏せられていた犠牲予定者の名を明かしてしまう場面がある。しかしこれが、迫られたことを口実として使ったカルカスの芝居であることは見易い道理だ。そうすることによって民衆の期待は極度に高揚し、イフィゲニアの死はいっそう免れられないものとなる、という寸法だ。カルカスはだから単なるノモスの守り手たるイデオローグというだけでなく、狡知《こうち》に長《た》けた政治家でもあるわけだ。

だが彼の人間性となると話は別だ。彼の名誉のためにいえば、彼は人情（ピュシス）をまったく解さぬ冷酷な権力の番犬の権化、というわけではない。第一幕の終了間際、イフィゲニアとアキレウスが誤解を解いて再び愛を誓いあう二重唱を歌っているとき、カルカスはこの二人のあいだに向こう側から割って入り、再び踵《きびす》を返して二人を割って後方に戻っていくという動作をする（身を屈《かが》めてまるで水中をスローモゥションで泳いでいるごとく）。この動作のあいだ中彼は一言も歌わないし、恋人たちも彼に気づかないで歌いつづける（自分たちに触れんばかりに二人のあいだを割っていくのだが）。ということはカルカスのこの所作はもともとオペラの台本にはないということであって、ここは元来彼は姿を現わす場面ではないのだ。では、この愛の（ピュシスの）二重唱の場面にこれと恐ろしく不調和なカルカスの仕草を挿入することによって、ドゥレーゼは何を示そうとしたのか。僕は次のように受けとめた。民衆のルサンチマンと社会・歴史・政治の必然性（ノモス）とを己れの身一つに体現し、それらのあいだの絶対矛盾を神のお告げと称して最も非合理的に処理ないし昇華する（犠牲式）ことによって、最も合理的にノモスを守護する*という役割を担った彼は、しかし人情（ピュシス）を解《げ》せぬ人間ではないのだ（もしそうであるならばかえってこの役は務まらなかったであろう）。それどころか、できうることならばお前たち二人の愛をわしも祝福し実現させてあげたい気持ちでいっぱいなのだ。だが、それがそうはいかないことは、お前たちのピュシスの与《あずか》り知らぬところですでに決まっており、他ならぬわしがお前たちの仲を裂かねばならぬのだ。——己れの社会的職務に忠実であるカルカスは、ノモスが貫かれるべき不可避性を熟知するがゆえにこのような胸中の苦悩を口に出して伝えるわけにはいかない。それは無言のパントマイムによって表現される他はない。そう思いついてのち、二度、三度とこの場面を見てみると、ここの演出はなかでもよくできていた。

* この、非合理を通しての合理化を、僕はノモスの超合理性（超合理的性格）と呼びたい。

第三幕の冒頭でイフィゲニアを逃すシーンは、舞台の浅いところに紗《しゃ》幕を降ろし、そこに乱雲のような情景を映し、それを背景に彼女を中心とした人々が舞台左手から右手へと駆け抜ける形で演出されていた。ここの演出は舞台の奥行を使わない点、紗幕に移る図柄が単純で安っぽく見えた点からして、視覚的には凡庸とも思えた。しかしこれまでの解釈の延長線上で考えると、次のようにいえそうである。すなわち、逃避行を指示したアガメムノンを含めて、イフィゲニア、アキレウス、母親、等の一行は、ノモスの枠構造にはいっさい手を触れずにおいて（紗幕の向こうに枠構造がそのまま温存されている）、ただそこから横へと抜け出ようとしたにすぎない、と。しかし彼らが広義にはギリシア社会の枠組みから離脱するつもりはなくそこに留まろうとするかぎり、ましてアガメムノンが依然としてギリシア遠征軍の総司令官でありつづけようとするかぎり、この脱出行ははじめから茶番でしかありえない。それを最も敏感に感じとり見抜いたのが、他ならぬイフィゲニア自身であった。だから彼女は父の名誉を守るという以上に、自分や父を含んだこの社会のノモスから人は逃れることはできないという諦《あきら》め、だとすれば自分が犠牲になることがこの社会的危機を回避するのに最小の犠牲で済む最善の道であろうという明《あか》らめ（達観）をあそこで表明したのだ。だが恋人たるアキレウス、母親たるクリュタイムネストラはそれぞれのピュシスの盲目性のゆえに、イフィゲニアのこの諦めの深さと真実性が解《げ》せず、当座は彼女の不可解な態度変更に対して苛立《いらだ》ちと怒りをもって応《こた》えさえする。それもまた当然のすれ違いだったというべきであろう。

——以上の一連の解釈を根源的に支えつづけるものこそ、あの縦と横の枠構造の舞台装置であった。最後までこの構図は微動だにしなかったのだ。一回目を観ていたとき、僕はオペラが進行していくにしたがって上記の解釈を心のうちに膨《ふく》らませていきつつ密かにそれを楽しんでいたのだが、その一方で、最後あたりでこの頑固な枠構造がどういう風にでもよいから壊れるような筋の運びと演出になってくれていれば、それもまた面白いし痛快だろうな、という反対の期待が大きくなっていった。しかし結果はそうはならず、やはりノモスは強かったということが（若干の失望感とともに）いっそう印象づけられたのであった。

ところが二回目を観にいったとき、フィナーレのシーンに至って僕はびっくり仰天した。舞台の枠組みが動いたのだ！　手に手に武器をもったギリシア市民兵たち（重厚な男性合唱団）が、隊列を組み歩調を合わせて舞台奥から少しずつ前方に行進してくるところで、初回に観たときとは違って、まず彼らを乗せている舞台の床が徐々に奈落の方に沈んでいくではないか（ちょうど人間の身長分ぐらいまで）。加えて同時に天井と左右の例の枠構造全体が音もなく上に持ち上がったのだ（やはり二メートルぐらいか）。これには眼を見張ったし、すばらしい演出上の改善だと感心した。まず第一に、このとき舞台奥に照明を浴びて佇むあのイフィゲニアの無垢《むく》な純白の姿（僕の解釈によれば、処女のまま犠牲になったはずの）が観客席からよく見えるようになった点が挙げられる。第二に、そしてこれが本質的な事柄なのだが、構造物の上下左右にわたるこの全面的な拡大は、一回目に僕が（反体制的左翼的ないし天邪鬼《あまのじゃく》的な思想から）密かに期待したような、それの打破・崩壊を意味するどころか、逆にノモスが以前にもまして一回り大きくかつ強固になったことを視覚的にわれわれに明示すべく工夫されたに違いない、ということだ。つまり、前述したイフィゲニアの神格化を通してのノモスの二重の勝利という解釈が、この演出上の新工夫によっていっそう僕に得心されたのだ。それにしてもたまたま新旧両方の演出を比較することができ、その改変の意味を考える機会に恵まれたことの喜び（一回しか出かけなければこのことは不可能だし、二回出かけたからといって必ずしも両方を観ることができるとは限らない）と、日本ではけっして観ることのできるはずのない大がかりな舞台装置の活用を通して、いかにオペラの演出家が彼の本質的な解釈をより適切に表現しうるようになるものか、ということを目のあたりにすることができた喜びは大きかった*。

＊　ちなみに、毎月ウィーン国立歌劇場から発行される新聞 Wiener Staatsoper Akutuell の記事によれば、ここでの兵士たちの合唱はグルックのオリジナルな総譜にある通りなのだが、なんと一七七四年の初演のときに歌われて以来初めての復活演奏なのだそうだ。つまりこの間《かん》のこのオペラの上演（およびレコード録音）ではこのフィナーレはカットされ、婚礼の場で幕とされていたわけだ。このことはドゥレーゼがこのラストシーンに演出上の重要な意図を込めようとしていたことを示唆している。

余談だが、このニ短調で書かれた行進曲風の合唱曲は、勇壮さのなかにも悲壮さが加味されていて、僕の耳にはあたかも民衆の歌う革命歌のごとくに響いた（この受けとめ方が、前述の彼ら民衆に関する解釈と矛盾するのかどうかはよくわからないが)。

§3　衣装の時代性

演出上の第三のポイントとして、ウィーンっ子のあいだに（前述の舞台装置以上に）物議をかもしたコスチュームについて軽く触れたい（衣装担当は女流のL. ハース)。ドゥレーゼはこのギリシア悲劇のオペラを、徹頭徹尾フランス・ブルボン王朝期の貴族たちの衣装で通した（フィナーレの神格化されたイフィゲニアのコスチュームのみが唯一の例外)。これには非難や懐疑的な意見が多かったのであるが、僕には非難するほうこそ理不尽だと思えた。それは次の理由による。

まず、どんな芸術であれ話の中身が人間にとって普遍的な問題を主題としているのであるならば、舞台をどこにとっても成立するはずである（時間的にも空間的にも）。一例として、現代服で演じられる『ハムレット』の上演が成功していることを考えてみれば解りやすいと思う。だとすれば、〈ノモスとピュシス〉のあいだの普遍的な弁証法（その欺瞞的処置）を描いたこのオペラ演出が、必ずや古代ギリシア時代のギリシアを舞台として古代ギリシア風の衣装で演じられなければならない、という理屈は成り立たないわけである。

次に、ではなぜあのようなフランス風のコスチュームが選ばれたのであろうか。この点については、まさにそれが作曲家のグルックにとって現代であったことにわれわれは気づくべきであろう。つまりドゥレーゼは、このオペラの内容は（グルックにとっての、またわれわれにとっての）現代に通じるものだといいたいのだ。ここまでは見易い道理と思われる。

これに加えて僕の独断的な「深読み」を施せば、あのコスチュームの示す時代はまさにフランス革命（1789年）の前夜（このオペラの初演が1774年）である。とすればドゥレーゼは、この演出全体を通じてノモスは壊れぬどころか強固になるばかりである、と印象づけておいて、その実ノモスも場合によっては革命によって全面的に引っ繰り返ることがありうるんですよ、ちょうどこのオペラの十五年後にフランス革命によってフランス絶対王政が倒れたように、と暗示しているのではなかろうか。そのフランス革命といえどもめぐりめぐって新しい形態のより強固なノモスをもたらしたにすぎないと見るかどうかは、歴史の見方に大きく関わる問題であって、ここで即断することはできない。

話がドゥレーゼの擁護に及んだので、ここで少し彼自身の演出上の狙い・意図を紹介しよう。前記の新聞に載っているインタヴュー記事によれば、彼はこの新演出を通して、① グルックが生きたバロック時代の眼を通してギリシア悲劇を眺めようとしたこと（コスチュームやダンスの振り付けがこれに該当すると思われる)、② 同時にそれは啓蒙の時代であったわけであるから、フランス啓蒙の精神がバロックの精神を克服するというモチーフを眼に見えるようにした、と語っている。とくに ② について彼は、第三幕におけるイフィゲニアの変心に大きな意味を置いている。非人道的な犠牲というセレモニーが、彼女のあのような決意によってこそ結果的には克服され、「自然の声　die Stimme der Natur」が聞き届けられる、というのだ（ラストシーンでのゼウスによる救済)。ここでドゥレーゼのいう「自然の声」とはピュシスのことであると解して間違いはないだろう*。それが聞き届けられ成就するとき人類に真のヒューマニズムの道が拓かれる、というのだ。以上のドゥレーゼ自身の言葉は、ここに至るまでの僕の解釈に照らしてみて食い違うところもあるが**、全体としては概《おおむね》双方が双方を許容できる関係になっていると思われる。

*　一つ不思議なのは、このインタヴュー記事に限らず他の幾つかの関連記事にも、さらには立見席で買い求めたプログラム（250円見当だがなかなか中身の充実している小冊子）にも、〈ノモスとピュシス〉という言葉がまったく出てこないことだ。このテーマがギリシア悲劇を貫いていることなど、触れる必要もないほどにヨーロッパでは常識だからであろうか。

**　特に彼自身はイフィゲニアはオペラの台本どおり、殺されずに救出されたと取っているらしい、という点は彼の演出意図を巡っての僕の解釈と異なる。

§4　ノモスとピュシスの弁証法・再考

帰国後、この『アウリスのイフィゲニア』の強烈な印象を折りにふれ反芻《はんすう》してみた。そのなかで明らかになってきたことを二点ほど中間報告してみたい。一つはこの話の背景となっているかぎりでのギリシア神話の諸伝説についてであり、もう一点は、結局〈ノモスとピュシス〉のあいだの弁証法をどう総括的に捉えたらよいか、ということである。

まず、イフィゲニアは救出されたのかそれともあのまま犠牲になったのかの問題であるが、これには諸説があるようだ（以下、前記したプログラムに抜粋されているラシーヌの文章による）。① アイスキュロス（『アガメムノン』）、ソフォクレス（『エレクトラ』）ではイフィゲニアはそのまま犠牲に捧げられたことになっている。のちのルクレティウス*、ホラティウスもこの説を採っているとのこと。② 他方、エウリピデスでは、彼女は救われたうえに**当のアルテミスに仕える巫女《みこ》となる（だから彼女はやはりアキレウスと結ばれない）。ローマ時代のオヴィディウスも同様の筋とのこと。③ 第三に、イフィゲニアという名の娘がもう一人いて、犠牲にされたのはそちらの方だという。それはクリュタイムネストラの妹ヘレナ（トロイア戦争の因となったあのヘレナ）がテセウスとのあいだに作った不義の子で、それを姉夫婦が引き取っていたのだという（ステシコロス、パウサニアスの説）。この説によれば、アガメムノンたちは実の子を捧げる代わりに、この姪をアルテミスに差し出したというわけである。④

さかのぼって、ホメロスは『イリアス』の中で、アガメムノンをしてイフィゲニアをアキレウスと結婚させてミケーネに戻らせているという***。

＊　ルクレティウスは『物の本質について』の冒頭で、イフィゲニアに関してこの解釈に立ったうえで、「宗教とは、実に、かくも甚だしい悪事を行わせる力を持っているのだ」と、宗教を痛罵している（樋口勝彦訳、岩波文庫、p.13以下）。この点では本書第二部II§4の「イサクの犠牲」をめぐる批判を参照（p.172以下）。古代の代表的な唯物論者であるルクレティウスの宗教批判には基本的には同意しつつも、われわれは彼が（前述した）ノモスを巡る非合理な合理性、すなわちノモスの超合理性に未だ思いが及んでいない点を見逃すべきではない。

なおショーペンハウアーもその主著のなかで、イフィゲニアの犠牲についてルクレティウスと同様のことを述べている（『意志と表象としての世界』西尾幹二訳、中央公論社、第二巻第二七節、p.323）。

＊＊　カルカスがイフィゲニアの心臓めがけて短剣を揮った瞬間、一頭の子羊が彼女の身代わりになってくれたという。この筋立ては『創世記』におけるアブラハムのイサク殺しの場と酷似する。すると、エウリピデスは『創世記』を読むないし聞き知っていたのかもしれない（彼は紀元前五世紀に生きたギリシア人だから、蓋然性は低いが）。

＊＊＊　①②④についてはその後それぞれの翻訳によって確認できた。

ところでこのオペラの台本を担当したデュ・ルレ L.B.du Roullet は、基本的には②のエウリピデスの戯曲に基づきながらも、直接にはラシーヌの戯曲『イフィゲニア』を下敷きにしているそうだ。そのラシーヌはどうかといえば、①②をその不合理さのゆえに退けて*、③の立場を採っているという。ところが結果を見ると、ルレはイフィゲニアの処遇の点では②（救われる）と④（アキレウスと結ばれる）とを接合したようだ。オペラの台本としては一番無難な線というべきかもしれない。

＊　先に紹介したドゥレーゼの演出意図には、このラシーヌの合理主義

的・啓蒙主義的な見解との類縁性が見られる。

上に列挙したうちに ① の説が見られるということからすると、ドゥレーゼの演出を見てイフィゲニアは犠牲にされてしまったのではないかと直感した僕の解釈は、伝説上からも或る程度根拠づけられると思われる。ただしオペラの原作が ② だったことから考えると、フィナーレのイフィゲニアの神々しい姿は、彼女が救われてアルテミスの巫女となったことを暗示していたとも解釈できそうだ（いまから思い出してみれば、コスチュームからしてこのときの彼女は巫女風であったようにも思える）。その場合でもオペラの台本とは違って、二人は結ばれないことになるのだが(前述)。

ギリシア伝説に関してもう一点、アガメムノンをめぐる「アトレウス家の呪詛《じゅそ》」の話が重要である。これはアガメムノンの父アトレウスの一門に掛かっている呪いのことだが、もとはアトレウスの祖父タンタロスが神々の全知を疑って神々に計略を仕掛けたところから発している（タンタロス自身はゼウスを父とする）。タンタロスの子ペロプスにまつわる因縁話を省略すると、そのペロプスの子アトレウスは、妻を誘惑したうえにミケーネの王の印たる金の羊の像を盗んだ弟ティエステスに怒って、彼の子供たちを虐殺したうえでその肉を（それと知らない）父親に食わせることで報復する*。するとまたこのティエステスの呪いがアトレウスの息子アガメムノンに掛かっていく。あまねく知られているように、アガメムノンはここでの話の十年のちにトロイア戦争から凱旋した直後、妻クリュタイムネストラとその情夫アイギストスの手に掛かって暗殺されるのだが、このアイギストスこそティエステスが唯一人生き残った自分の娘に生ませた子にして孫であったからである**。これとは別にアガメムノン本人は、自分は狩の女神アルテミスと同じほどに腕の立つ狩人であると自慢していた。これに怒ったアルテミスがトロイア戦争勃発の前夜、風を止め彼の長女イフィゲニアを犠牲に要求したのだという***。

＊　この、最も過激な復讐の遣《や》り口は、シェイクスピアの戯曲『タイタス・アンドロニカス』のラストシーンで再現される。

＊＊　アポロドーロス『ギリシア神話』高津春繁訳、岩波文庫、p.180－181、参照。

＊＊＊　この点からすると、前記した ③ の解釈、すなわちアガメムノンとクリュタイムネストラは彼らの実子イフィゲニアをではなく、預かっていた姪の方のイフィゲニアを犠牲に供したという説が注目される（前述のように、ラシーヌもこの説を採用していた）。つまりもしこのすり替えがうまくいったのであれば、それは女神アルテミスをまんまと騙《だま》したことを意味するのだが、かくしてアガメムノンは彼女からの犠牲の要求を逆手にとって、曽祖父タンタロスの果たせなかった企み（神の全知を覆《くつがえ》して神を笑い物にする）を代わりになし遂げたことになるからである。神を挑発し欺こうとする態度は、アトレウス家の血統というべきであろうか。

オペラのプログラムにある解説によれば、アイギストスは、クリュタイムネストラが娘イフィゲニアを犠牲にされたので夫を呪っていたところをいい寄ったのだという。とすればこのオペラの演出中、彼女があの赤い布を夫に恨みを込めながら巻きつけていく、という前述のシーンは、娘を犠牲にされたことへの恨みから夫への復讐に燃えた彼女が、まず不義へと走り、ついで暗殺へと至る、という、こののち十年間の道行きを聴衆（観衆）に予示していたのかもしれない。この解釈はオペラ自身の台本からはまったく離れるが、ここに至るまでの行論とは合致する。さらにまた、ドゥレーゼはあの赤い布によって、何よりもあの〈アトレウス家の呪咀〉がアガメムノンにも及んでいることを象徴させようとしていたのではないか、という新しい解釈の可能性が浮かんでくる。そしてこの新しい解釈はこれまでの、イフィゲニアの血の色、かつノモスからの厳命、という理解と重なりこそすれ矛盾はしない。

タンタロスから始まるこの血で血を洗う凄惨《せいさん》な物語は、〈ノモスとピュシス〉の主題と関係づけなくても、それ自体独立して興味深い。僕はこれを知ってシェイクスピアの描くプランタジネット両家（ランカスター家とヨーク家）のあいだのバラ戦争の展開(彼の二つの歴史四部作)、あるいは『古事記』の神話上のエピソードから古代・中世の実際の史実を通じて連綿と続く、天皇家をめぐる陰惨な歴史を想った。他に中国であれどこであれ同様の話は神話として、または史実として枚挙に暇《いとま》がないであろう。人間の本性を考察するうえで欠かせない素材であると思われる。とはいえこれはまた他ならぬ〈ノモスとピュシス〉というテーマのなかに位置づけて考えてみることもできる（後述）。

さて、ではこの〈ノモスとピュシス〉の弁証法をわれわれは総括的にどう把握したらよいであろうか。帰国後『アウリスのイフィゲニア』のことを念頭に置きながら、ソフォクレスの『オイディプス王』を再読してみた*。そこで得た概念を以下に簡単にスケッチしてみよう。

* ソフォクレス『オイディプス王』については、第一部 p.13−14 注、参照。

まず、或る社会のなかに生きる個々人の内面において（どれほど明瞭にであるかは問わないとして）人情・自然の情（主に他者を対象とした種々の愛憎の感情)、すなわちピュシスと、規範・法、すなわちノモスとのあいだになんらかの葛藤が生じるであろう。

だが大抵の場合彼らは、後者（ノモス）の権威づけの根拠を当の個人の外、個人を超えたもの、個人より大きいもの（例えば家系、伝統、年長者の威圧、等）に求めることによってそれの前者（ピュシス）に対する優位をもたらし、これに対する内面的な抑圧を帰結して済ますであろう。だがこの根拠づけ（なぜ規範は守られなければならないのか）は諸個人の外側でいっそうの根拠づけを要求するから、結局はある絶対的な根拠・絶対者を共同で定立するに至る。これが「共同幻想」としての神である。事態的にはこれは、人類がそれまでの動物的な群れの生活から離脱して、人間固有の社会生活を営むことを余儀なくされはじめて以降の、人類共同体の秩序の維持に必要なイデオロギー装置であることは明らかである。

ところがここに英雄が登場する。英雄とは己れのピュシスに忠実たらんとし、かつ、ノモスへの「なぜ」を執拗《しつよう》に問いつづける人間のことである（オイディプス）。だから彼は事の成り行き上いつかは必ず神に反抗するに至り（タブーを侵す）、したがって必然的に当の共同体から罰せられることになる（追放、処刑、名誉剥脱、犠牲、等々）。つまり英雄は必ずや悲劇的結末を己れの身に蒙《こうむ》らざるをえないのだ。

しかし話はここで終らない。共同体としてはその存在を脅《おびや》かしかねなかったこの英雄を罰することは止むを得ない措置であったとしても、罰してのち、これを放置することもまた新たな別の危険・動揺を生む。なぜならば、かの英雄はまさに共同体の残りのすべての平凡なる構成員にとって〈英雄〉だったからである。ここに共同体による件《くだん》の英雄の神聖化を通しての浄化が必須となる。すなわち、公的に祀《まつ》りあげられ灰汁《あく》（悪）抜きを施された「再英雄化」である*（須佐之男命《すさのおのみこと》がその典型例）。かくして共同体のノモスのイデオロギー的枠組はいっそう強化され、権力体制は安定する。これが人類史に普遍的な〈ノモスとピュシス〉の融和・「合理化」の弁証法ではなかろうか**。

＊　大江健三郎『万延元年のフットボール』講談社文芸文庫、結末における鷹四の「御霊」化、参照。

＊＊「〔英雄たる〕オイディプスは、彼が〔王としてわれわれに〕命令する諸区別〔ノモス〕と、彼がわれわれを脅かす未分化状態〔ピュシス〕とを二つながら創りだすものなのだ」（〔　〕は渋谷）。「オイディプスは集団への統合をはかる一つの手段なのである。だから、オイディプスは、〈隷属集団〉の中で開花する」（ドゥルーズ／ガタリ『アンチ・オイディプス』市倉宏祐訳、河出書房新社、p.101、p.131）。この引用箇所に限らず、僕にはこの二人の共著全体が、ノモスの内面化（オイディプス三角形の規範化）を通してのピュシス（欲望する諸機械のもつリビドー）の抑圧、という装置への批判というモチーフに貫かれていると読めた。

考えてみれば、神々の全知を試そうとしたタンタロスにしても、その曾孫《ひまご》にして己れの技量を神（アルテミス）と同格と見なしたアガメムノンにしても、ともに「共同幻想」としてのノモス（神々の権威）を揺るがそうとこれに挑戦した傲岸《ごうがん》な人間、すなわち英雄だったのである。翻《ひるがえ》って、すでに述べたように、あのオペラの舞台上には確かにノモスにとって一つの危機が現出していたのだ。とすれば〈アトレウス家の呪咀〉の血塗られた神話そのものも、結局はノモスの優位性を聞くものの内面に確立するための「共同幻想」の一環として機能しているといえよう。結局はこれらの英雄たちですらも悲惨な結末を迎えることになっているからだ*。

＊　これが史実の反映（実際にそのような凄惨な振る舞いの積み重なりが人類史のうえにも存在したことの一つの証し）であるかぎり、この種の神話は別個の問題を孕《はら》んでおり、したがって別個の考察が必要であろ

う（社会生物学的なアプローチ、本書第一部Ⅲ、参照）。

おわりに——残された問題——

オペラ『アウリスのイフィゲニア』を観たときに思いついたことを出発点として、〈ノモスとピュシス〉の弁証法に関して上に述べたような中間総括にまで至った。残る問題は何であろうか。その一つとして、現代においてこの〈ノモスとピュシス〉の関係はどうなっているであろうか、という問いがあるであろう。

あのオペラを二回目に観ていた最後のところで、舞台の枠構造が動いたのでびっくりしたことはすでに述べた。実はこの二度目の鑑賞のさい、その途中で新たに気づいたことがもう一つあった。やはりあの枠構造についてである。ただし、何か別の新工夫が施されていたというのではない。細かく数えるとこの構造物は互い違いに十一回繰り返される黒と白との縞模様に見えるのだが、このことの意味についてである。このとき僕に新たに直観的に湧いてきた考えというのは、この縞模様が遠くから遠近法的に幾重にも手前へと重ねられているのは、舞台上のアガメムノンたちを支配するノモスの枠枷《わくかせ》がギリシア社会の遠い過去の歴史から現在に至るまで連綿と積み重なってきたものであるという事情を示しているのではないか、というものであった。もしこれが演出家ドゥレーゼの意図をいい当てているのであれば、彼はわれわれの現在を制約するこの桎梏《しっこく》がそれだけいっそう重く動かしがたいものであることを、直截に剛直に訴えようとしていたということになる。ノモスの枠組は単にその時代に限ってその共同体を共時的に支配する、というにすぎないのでなく、つまり時代が変われば新しいノモスが一から作り直されるというのでなく、それの支配は時代を超えて通時的にもその共同体を貫ぬき強化されてきているのだ、と。

そしていままた目の前で、この構造は一回り成長することに成功した（舞台の枠が拡大した！）。イフィゲニアの神格化を通して一枠分拡大したギリシア社会のノモスは、そこに生きる人々の人事の世界をいっそう大きく包み込んでいく。それに気づこうが気づくまいが、今後彼らはこの一つぶん箍《たが》が強固になったノモス空間のなかで、喜怒哀楽の人生（ピュシス）を繰り広げていく他はないのだ——新しい英雄が登場するまでは。

この論理を延長させて考えてみると、そのご人間たちには已れを包み込んでいるノモスの枠組がますます見えにくくなってきているはずである。これは或る程度事実に合致しているのではなかろうか。その果てこそが、現代日本の、各人に「柔らかい個人主義」を許容しつつ支配を貫徹する目に見えない管理社会であるのかもしれない（飼い馴らされた＝洗練された「ピュシス」）。こうして、人類史の端緒《たんしょ》から発してあちらこちらに連綿と重層的に成長してきたノモスの枠組が、ついには一つとなって地球上の人類社会全体を包み込みはじめたのではなかろうか*。

＊　社会主義体制の崩壊（1989）以降の、アメリカ資本主義体制のグローバリゼーション（地球一元化）を見よ。

三回目にパルテレ（平土間席）の一番うしろの立見席からラストシーンの兵士たちの合唱を聴きながら舞台を眺めていたら、まるで拡大したノモスの枠組がさらにどんどん膨れあがってきて、僕たち客席全体を覆《おお》ってしまうかのような幻覚が僕を襲ってきた。もし僕たちが今後もはや、僕たちのかわりにノモスに挑戦してくれる「超人」の出現を待ち望む英雄待望論を採らないとすれば、そして真に厳密な意味でのラディカルな民衆革命を展望しようとするのであるならば、逆にこのノモスの怪物を根底から覆《くつがえ》す方途をどこに探ったらよいであろうか。それともノモスの枠構造を根本から（ラディカルに）破壊することは不可能だし謬《あやま》りだとすれば、僕たちはいわば＜毒をもって毒を制す＞というやり方を採用するほかはないのであろうか。それはまたどこまでいってもピュシスの敗北を帰結する、と承知した上で——。

一九八九年一月（天皇の代替りのやや気の抜けたスペクタクルの進行を横に眺めながら）

【スタッフおよび出演者】

指揮：サー・チャールズ・マッケラス

演出：クラウス・ヘルムート・ドゥレーゼ

舞台装置：ハンス・シャーフェルノッホ

衣装：ローレ・ハース

アガメムノン：ベルント・ヴァイクル（11/21, 12/9）
ハンス・ヘルム（11/27）

クリュタイムネストラ：グンドラ・ヤノヴィッツ

イフィゲニア：ジョアンナ・ボロウスカ

アキレウス：トウマス・モゥザー

カルカス：ピエール・タウ

アルカス：ペーター・ケフェス（11/21, 12/9）
ゴラン・シミック（11/27）

他

「人間とは何か」を考えるために本書で参考にした主要文献一覧

【天文学・物理学関係】
S. ワインバーク『宇宙創成 はじめの三分間』ダイヤモンド社
J.N. イスラム『宇宙の未来はどうなるか』岩波書店
S.W. ホーキング『ホーキング、宇宙を語る ビッグバンからブラックホールまで』早川書房
B. グリーン『エレガントな宇宙』草思社
海部宣男『銀河から宇宙へ』新日本新書、『宇宙史の中の人間』岩波書店
池内　了『宇宙進化の構図』大月書店
アインシュタイン・内山龍雄解説『相対性理論』岩波文庫
C. セイガン『宇宙との連帯』河出書房新社、『Cosmos』上下、朝日新聞社
C. セイガン編『異星人との知的交信』河出書房新社
P.C.W. デイヴィス『宇宙はなぜあるのか 新しい物理学と神』岩波書店
竹内　均／上田誠也『地球の科学』ＮＨＫブックス

【生物学関係】
C. ダーウィン『種の起源』上中下、岩波文庫
シュレーディンガー『生命とは何か 物理学者のみた生細胞』岩波新書
J. モノー『偶然と必然』みすず書房
L. マーグリス『細胞の共生進化』上下、学会出版センター
J. メイナード＝スミス『生物学のすすめ』紀伊国屋書店
S.M. スタンレー『進化の新しいタイムテーブル』岩波書店

木村資生『生物進化を考える』岩波新書
R. ドーキンス『利己的な遺伝子』『延長された表現型』紀伊国屋書店
E.O. ウィルソン『社会生物学』１～５、思索社
K. ローレンツ『ソロモンの指輪 動物行動学入門』早川書房
S.J. グールド『ダーウィン以来』上下、早川書房
J.C. エクルズ『脳 その構造と働き』共立出版
W. ヴィックラー／U. ザイプト『男と女 性の進化史』産業図書

【人類学関係】
C. セイガン『エデンの恐竜』秀潤社
江原昭善／渡辺直経『猿人 アウストラロピテクス』中央公論社
海部陽介『人類がたどってきた道』NHK ブックス
E. モラン『失われた範列〈人間の自然性〉』法政大学出版局
R. アードレイ『狩りをするサル』河出書房新社
D. モリス『裸のサル 動物学的人間像』河出書房新社
E.O. ウィルソン『人間の本性について』思索社
竹内芳郎『文化の理論のために――文化記号学への道』岩波書店
渡辺　仁『ヒトはなぜ立ちあがったか』東京大学出版会
A. ポルトマン『人間はどこまで動物か』岩波新書
N. エルドリッジ／I. タッターソル『人類進化の神話』群羊社
R. リーキー／R. レウィン『ヒトはどうして人間になったか』岩波書店
レヴィ=ストロース『構造人類学』『今日のトーテミズム』みすず書房、『悲しき熱帯』上下、中央公論社
F. エンゲルス『家族・私有財産および国家の起源』大月書店・国民文庫
ユ・イ・セミョーノフ『人類社会の形成』上下、法政大学出版局
イタール『アヴェロンの野生児』福村出版

シング『狼に育てられた子 カマラとアマラの養育日記』福村出版

【文学・芸術関係】
アポロドーロス『ギリシア神話』岩波文庫
ホメーロス（?）『イリアス』上下、『オデュッセイアー』岩波文庫
ヘシオドス『神統記・仕事と日々』岩波文庫
『ギリシア悲劇全集』１～４、人文書院
『旧約聖書・新約聖書』日本聖書協会
オマル・ハイヤーム『ルバイヤート』岩波文庫
エラスムス『痴愚神礼讃』岩波文庫
ラブレー『ガルガンチュワ物語』岩波文庫
セルバンテス『ドン・キホーテ』正１～３、続１～３、岩波文庫
シェイクスピア『マクベス』『リア王』『ハムレット』『オセロ』『夏の夜の夢』他、白水Uブックス
ディドロ『ラモーの甥』岩波文庫
スウィフト『ガリヴァ旅行記』新潮文庫
ノヴァーリス『青い花』岩波文庫
ゲーテ『ファウスト 第一部、第二部』新潮文庫、『ヴィルヘルム・マイスターの修業時代』上中下、岩波文庫
スタンダール『赤と黒』河出書房
フローベール『ボヴァリー夫人』上下『感情教育』上下、岩波文庫
ボードレール『悪の華』新潮文庫
モーパッサン『女の一生』新潮文庫
ドストエフスキー『罪と罰』上下『地下室の手記』『カラマーゾフの兄弟』上中下『悪霊』上下『白痴』上下、新潮文庫
ロープシン『蒼ざめた馬』現代思潮社
T.E. ロレンス『知恵の七柱』１～３、平凡社・東洋文庫
J. ジョイス『ユリシーズ』Ⅰ～Ⅲ、集英社

D.H. ロレンス『チャタレイ夫人の恋人』新潮文庫
S. モーム『人間の絆』１～４、新潮文庫
M. プルースト『失われた時を求めて』１～７、新潮社
M. デュ・ガール『チボー家の人々』１～５、新潮社
ジイド『贋金つくり』上下、岩波文庫
カフカ『変身』『城』『審判』新潮文庫
トーマス・マン『魔の山』上下、新潮文庫
サルトル『嘔吐』『言葉』人文書院
カミュ『異邦人・転落』新潮社
ジャン・ジュネ『泥棒日記』新潮文庫
魯迅『阿Q正伝』新日本文庫
パステルナーク『ドクトル・ジバゴ』ⅠⅡ、時事通信社
ルイス・キャロル『不思議の国のアリス』『鏡の国のアリス』角川文庫
ミヒャエル・エンデ『モモ』『はてしない物語』『鏡のなかの鏡――迷宮――』岩波書店
『古事記』新潮社・新潮日本古典集成
『源氏物語』１～８、新潮社・新潮日本古典集成
『方丈記 徒然草』岩波書店・日本古典文学大系
『平家物語』１～３、新潮社・新潮日本古典集成
『世阿弥芸術論集』（『風姿花伝』を含む）新潮社・新潮日本古典集成
福沢諭吉『福翁自伝』岩波文庫、『福翁百話』『福翁百余話』岩波書店
宮沢賢治『銀河鉄道の夜』岩波文庫、他
小林秀雄『Xへの手紙・私小説論』（「様々なる意匠」を含む）他、新潮文庫
大岡昇平『レイテ戦記』上中下、中公文庫、『俘虜記』『野火』新潮文庫
吉田　満『戦艦大和の最期』角川文庫

坂口安吾『堕落論』角川文庫
太宰　治『人間失格』講談社文庫、他
三島由紀夫『金閣寺』他、新潮文庫
深沢七郎『楢山節考』中央公論社
野間　宏『真空地帯』新潮文庫
遠藤周作『沈黙』新潮文庫
安部公房『砂の女』他、新潮文庫
高橋和巳『悲の器』新潮文庫
堀田善衛『方丈記私記』ちくま文庫、『ゴヤ』１～４、新潮社
大西巨人『神聖喜劇』１～５、文春文庫
大江健三郎『万延元年のフットボール』講談社文芸文庫、他
高野悦子『二十歳の原点』新潮文庫
『日本詩人全集８ 石川啄木』新潮社
『日本詩人全集22 中原中也』新潮社
谷口善太郎『綿・幼き合唱』新日本文庫
大杉　栄『自叙伝・日本脱出記』岩波文庫
宮本顕治『「敗北」の文学』新日本文庫
高階秀爾『ルネッサンスの光と闇』中公文庫
渋沢龍彦『悪魔のいる文学史』中央公論社
塩野七生『チェーザレ・ボルジア あるいは優雅なる冷酷』新潮文庫、『神の代理人』『海の都の物語』上下、中公文庫

【社会科学・歴史】
マキアヴェッリ『君主論』岩波文庫
K. バシュビッツ『魔女と魔女裁判』法政大学出版局
マルクス／エンゲルス『共産党宣言』岩波文庫、『ゴータ綱領批判・エルフルト綱領批判』大月書店・国民文庫
マルクス『資本論』第一巻大月書店、『ルイ・ボナパルトのブリュメー

　　ル十八日』大月書店・国民文庫
小牧治『革命家マルクス その生涯と思想』清水書院
レーニン『国家と革命』『帝国主義論』大月書店・国民文庫
ジョン・リード『世界をゆるがした十日間』上下、岩波文庫
M. レヴィン『レーニン最後の闘争』岩波書店
中野徹三／高岡健次郎『革命家レーニン その生涯と思想』清水書院
『フルシチョフ秘密報告 スターリン批判』講談社学術文庫
ジョージ・オーウェル『カタロニア讃歌』ハヤカワ文庫
宇野重昭『革命家毛沢東 革命は終焉らず』清水書院
ジャン・ラクチュール『ベトナムの星 ホー・チ・ミン伝』サイマル
　　出版会
ユリウス・フーチク『絞首台からのレポート』青木文庫
フランクル『夜と霧』みすず書房
フー・マイ『最後の高地』東邦出版
チェ・ゲバラ『革命戦争の旅』青木書店
コリン・ウィルソン『殺人百科』彌生書房
山田盛太郎『日本資本主義分析』岩波文庫
網野善彦『無縁・公界・楽』平凡社
江口朴郎『帝国主義と民族』東京大学出版会
洞　富雄『南京大虐殺 決定版』現代史出版会
森村誠一『悪魔の飽食』光文社
上田耕一郎『戦後革命論争史』上下、大月書店
平田清明『市民社会と社会主義』岩波書店

【哲学・思想・宗教】
ハイニマン『ノモスとピュシス』みすず書房
関根清三『旧約における超越と象徴』東京大学出版会
『聖書事典 総説』日本基督教団出版局

ルクレーティウス『物の本質について』岩波文庫
ルター『キリスト者の自由』岩波文庫
デカルト『方法序説・情念論』中公文庫、『省察』岩波文庫
スピノザ『エチカ』上下、岩波文庫
ルソー『人間不平等起源論』『社会契約論』『エミール』上中下、岩波文庫
ディドロ『ダランベールの夢』岩波文庫
カント『純粋理性批判』『実践理性批判』『単なる理性の限界内における宗教』『実用的見地における人間学』他、岩波書店・カント全集
ヘーゲル『精神の現象学』上下、岩波書店
マルクス『経済学・哲学草稿』岩波文庫
マルクス／エンゲルス『ドイツ・イデオロギー』合同出版
ショーペンハウアー『意志と表象としての世界』中央公論社、『倫理学の二つの根本問題』白水社
ニーチェ『悲劇の誕生』『権力への意志』理想社、『善悪の彼岸』岩波文庫、『ツァラトゥストラはこう語った』中央公論社
ソシュール『一般言語学講義』岩波書店
フロイト『夢判断』『精神分析入門』新潮文庫、『トーテムとタブー』『人間モーセと一神教』日本教文社
レーニン『唯物論と経験批判論』大月書店・国民文庫
M. ウェーバー『プロテスタンティズムの倫理と資本主義の精神』岩波文庫
ハイデガー『存在と時間』中央公論社、『形而上学とは何か』理想社
メルロー＝ポンティ『知覚の現象学』１～２、みすず書房
マルクーゼ『理性と革命』岩波書店
サルトル『存在と無』１～３、人文書院
カミュ『シーシュポスの神話』新潮文庫

E. ブロッホ『希望の原理』１～３、白水社
ホルクハイマー／アドルノ『啓蒙の弁証法』岩波書店
アドルノ『否定弁証法』作品社
ハーバーマス『イデオロギーとしての技術と科学』紀伊国屋書店
R. セーヴ『マルクス主義と人格の理論』法政大学出版局
アルチュセール『甦るマルクス』１～２、人文書院
M. フーコー『言葉と物 人文科学の考古学』『性の歴史』Ⅰ～Ⅲ、新潮社
ドゥルーズ／ガタリ『アンチ・オイディプス　資本主義と分裂症』河出書房新社
J. デリダ『声と現象』理想社、『エクリチュールと差異』上下、法政大学出版局
ホフスタッター『ゲーデル・エッシャー・バッハ』白揚社
親鸞『教行信証』岩波書店・日本思想体系
唯円『歎異抄』講談社文庫
道元『正法眼蔵』「現成公按」他、岩波書店・日本思想体系
懐奘『正法眼蔵随聞記』講談社文庫
福沢諭吉『文明論之概略』岩波文庫
九鬼周造『偶然性の問題』『「いき」の構造』岩波書店
和辻哲郎『人間の学としての倫理学』岩波書店
三木　清『構想力の論理』岩波書店
吉野源三郎『君たちはどう生きるか』岩波文庫
丸山真男『増補版 現代政治の思想と行動』未来社、『忠誠と反逆』岩波書店
古在由重『思想とは何か』岩波新書
芝田進午『増補版 ベトナムと思想の問題』青木書店
色川大吉『新編 明治精神史』中央公論社
竹内芳郎『意味への渇き 宗教表象の記号学的考察』筑摩書房

中岡哲郎『工場の哲学 組織と人間』平凡社
吉本隆明『共同幻想論』角川文庫
真木悠介『時間の比較社会学』岩波書店、『人間解放の理論のために』筑摩書房
浅田　彰『構造と力』勁草書房
今村仁司『暴力のオントロギー』勁草書房
永井　均『〈私〉のメタフィジックス』『〈魂〉に対する態度』勁草書房
佐藤和夫／他五名『市民社会の哲学と現代』青木書店
清　真人『言葉さえ見つけることができれば』同時代社
新時代工房『喫茶店のソクラテス』汐文社
渋谷治美『シェイクスピアの人間哲学』花伝社

初版あとがき

ニヒリズムというものの考え方は、これまでもっぱら否定・非難の対象とされてきた。論争の相手の主張になんらかの意味でニヒリズムというレッテルを貼ることができさえすれば、それで批判は成就したというわけである。宗教家は無神論を魂の救済に関するニヒリズムのゆえに弾劾し、マルクス主義は実存主義やポスト・モダンの思想潮流を歴史の進歩に対するニヒリズムとして批判した。遡《さかのぼ》ってニーチェは、キリスト教の本性は一つのルサンチマン（大衆的怨恨）としてのニヒリズムであると暴露したのだが、そのニーチェ自身がのちにハイデガーによって、存在忘却の究極のニヒリズムと批判される。ところがそのハイデガーもニヒリズムの嫌疑を受けて、自分の思想はけっしてニヒリズムではないと弁明せざるをえなかった。……

だが、ニヒリズムとはそんなに穢《けが》らわしいものなのだろうか。

私は本書で、ニヒリズムこそが人間をめぐるいっさいの価値に関する根本的な真理であるとして、これを是認・肯定・提案した。実はすでにニーチェが、自分の哲学を「完成された」ニヒリズムと呼んで、この言葉自体の「価値転換」を試みかけていた。私はこの点で彼の志を継ごうと思う。これからの批判は（相手の主張がニヒリズムかどうかの判定をめぐってではなくて）、何よりも、そこに主張されているニヒリズムが真理であるか否かをめぐってなされるべきであろう。

ここで敢えて記させていただくとすれば、本書で展開されているような人間論が、自然科学に携わる人々にどのように受けとめられるか、他面、ここでの宗教論が当の宗教者たちにどのように理解してもらえるか（それとも総批判を受けるか）。著者はこの二つの方面で期待と関心を抱いている。

ともあれ、本書での議論が多くの点でまだ準備不足であり、多くの欠陥を有するであろうことは承知している。〈宇宙論的ニヒリズム〉についても宗教論についても、論をさらに精緻《せいち》にするために、今後絶えず努力を重ねていくつもりでいる。そのさい、縁あって本書をお読みくださった方々からの厳しい批評こそが、なによりも著者にとって有り難い励みとなることは確かである。読者の皆さんに忌憚《きたん》のない御批判をお願いする次第である。

本書に収めた諸論考の初出は以下の通り。

第一部　〈宇宙論的ニヒリズム〉と人生の諸類型

――今回書き下ろした。ただし内容的には、著者がこれまで十八年にわたって学生に向けて「総合人間学」として講義してきた体系構想のうちの前半を下敷きにしている（「存在」「自由」）。ちなみに、体系構想の後半は「価値」「疎外」である。

第二部　宗教とは何か

Ⅰ「宗教と自由」

――竹内整一・月本昭男編『宗教と寛容――異宗教・異文化間の対話に向けて――』大明堂、1993.3　所収、「唯物論と宗教」。

Ⅱ「疎外と宗教」

――『思想と現代 32 号』唯物論研究協会編、白石書店、

1993.1　所収、「宗教と疎外」。

第三部　芸術と人間

Ⅱ　「ノモスとピュシスの弁証法――オペラ『アウリスのイフィゲニア』の演出をめぐって――」

――『唯物論 第63号』東京唯物論研究会編、1989.4　所収、「グルック『アウリスのイフィゲニア』鑑賞記――ノモスとピュシスの葛藤とその欺瞞的処置の解明――」。

第二部、第三部に収めた三本の論考は、本書に収録するにあたって手を加えた。とくに第二部Ⅱには大幅な改訂を施した。にもかかわらず依然として、第一部と第二部のあいだ、第二部の二つの章のあいだで、若干の論述の重複を避けることができなかった(例えば、人間的自由の定義について、「なぜ」を無限に探求する思考法について、過去からの安心と未来への希望について、等々)。その点について読者にご寛恕《かんじょ》を乞う。

本書が出版されるに至るまでのあいだ、著者は多くの方々のおかげを被《こうむ》っている。以下に記して感謝したい。まず、これまでの二十年弱にわたる私の講義を真剣に聴いてくれたすべての学生たち。第一部の草稿を忌憚なく批評してくれた清真人、谷和明、川口啓明の三人の友人。二つの宗教論の執筆の機会を与えてくれた竹内整一、月本昭男、尾関周二の三人の友人・先輩。宗教論について詳しいコメントをお寄せくださった亀山純生、平子友長、中島義道、石川文康の諸氏。同じく『アウリスのイフィゲニア』論に批評を寄せてくださった故・片木清教授、五十嵐靖彦、西村雅樹、山地良造、松山寿一、牧野英二、円谷裕二の諸氏。勤務する職場の同じセクションで、常に研究と教育の両面にわたって著者を暖かく励ましてくださった島岡光一、白井宏明、三輪隆の三人の同僚にして先輩の諸氏。

なかでも故・片木教授は著者の大学における現在のポストの前任者であるが、御批評の絵はがきを頂いたその夏に他界された。読み返すと、文面の末尾に「夏休みには是非お出かけ下さい。一局一飲を楽しみましょう」とあるが、或る日そのお言葉に甘えて先生のお宅をお訪ねし、将棋を数局楽しみ、お酒をだいぶご馳走になった数日後に急逝されたのであった。いまはただ先生の学恩に深く感謝するばかりである。

本書が成るにあたって、編集を担当して下さった花伝社の寺山純子さんは、しばしば著者の不正確な記述や思い違いなどをそれとなく指摘して下さった。記して感謝したい。

最後に、花伝社の平田勝社長は著者にとって大学の学部・学科に至るまでの先輩であるばかりでなく、また世界観上の先達でもある。昨今出版をめぐる状況がますます厳しくなるなかで、氏は、著者にとって初めての単著となるこの本の出版を快くお引き受けくださった。ここに記して心から感謝申し上げる。

1994年10月

渋谷　治美

新版あとがき

初版を出版したのが1994年12月だったから、それから12年半も経過している。その間に残り部数が少なくなってきているとは聞いていたが、再版ないし新版を出すことは思いつかないでいた。そこへ花伝社の平田社長から映画論を加えた増補新版の企画をいただき、しかも「今度はハードカヴァーにしよう」との申し出を受けた。三重に嬉しい言葉であった。ニヒリストを自称する私でも、人生長生きしてよかった（といってもまだ還暦前ですが）、と思った次第である。初版を購入して読んでくださったすべての読者の皆様に心から感謝したい。

この間の最大の事件といえば、2001年9月11日のツインタワー爆破事件であろう。日本国内でいえば、出版直後の1995年3月にオウム真理教による地下鉄サリン事件があった。ここに詳しく書く余裕はないが、二つとも世の終わりを予感せしめるに十分なほど、悲惨な事件であった。見落としてならないのは、あれらは断じて天災、自然災害などでなく、いずれも、予め目的を立て、予め周到に準備し、最後に実行に移されてそれが成功した、すぐれて人間的な企てであったという点である（本書p.55以下）。人間は人間にできることならば何をやるのも許されている、のだろうか。これは本書の問題提起に直結する問いである。

ところで私は初版の「まえがき」に、「ニヒリズムという幽霊は、いまや二十一世紀を直前にしてますますわたしたちの眼前に迫っている」と書いたうえで、「きたる二十一世紀に、ニヒリズムという『幽霊』が人類に相互理解と平和と幸福をもたらしてくれることを願いつつ」と締めくくった。手前味噌的にいわせてもらうならば、初版発行時よりもますますわたしたちは、「人類に幸福をもたらす」条件としての「相互理解」を拡め「平和」を維持するためにも、(宇宙論的な) 価値ニヒリズムを正視するべき「とき」に直面している、といえないだろうか。

今回は、初版を出すおり最後の土壇場で諸般の事情から掲載を取りやめた映画『ラスト・エンペラー』論を復活増補することができた。これは私にとって大きな喜びである。私が大好きな映画鑑賞のもつ芸術的・思想的な奥行きを、多くの読者と味わい分かちあう道が拓かれたからである。なおこの映画論の初出は、私の研究室を含む近接分野の学生たちが毎年発行する卒業論文集の第5・6号合併号に特別寄稿したものである (1989.8)。

新版を出す作業をしながら、それにしても初版から10年以上も経っていながら、その間《かん》に自分の思想（宇宙論的価値ニヒリズム）にいささかも変化がないことを発見して驚いた。初版を出版して以降、私の思想的な成長が止まってしまった証しを突きつけられた思いでもあるし、初版を出すまでの三十代から四十代前半に掛けての思想構築がそれだけ確たるものであったのかと思いたくもあるしで、不思議な感慨に捕らわれた。

そういうわけで、今回新版を出すにあたって、内容的・思想的な変更はいっさいしていない。ただし、初版に見られた誤字の訂正は当然として、記述の仕方のいっそうの工夫、加文は随所に施した。初版に比べていささかでも読みやすく理解されやすくなっていれば幸いである。

新版を出すに当たって、花伝社の柴田章氏に何から何までお世話になった。記して感謝したい。実は氏とは、四十年前の学生時代以来の知己である。巡り巡ってこの機に（この歳になってこういう仕事で、の両義において）氏と再会できたことも、この新版を出す際の一つの喜びであった。

最後に、この増補新版を提案・実現してくださった花伝社の平田勝社長に、初版のときに劣らないほどに、心より感謝申し上げたい。

2007.2.18

渋谷 治美（しぶや はるよし）
1948年 静岡県御前崎に生まれる
1972年 東京大学文学部倫理学科卒業
1978年 東京大学大学院人文科学研究科博士課程満期退学
現 在 埼玉大学教育学部教授 教育学部長
専 門 倫理学（とくにカント倫理学）・総合人間学
著 書 『シェイクスピアの人間哲学』（花伝社 1999）
『ニヒリズムとの対話――東京・ウィーン往復シンポジウム――』（G. ペルトナーとの共編著、晃洋書房 2005）
訳 書 I. カント『実用的見地における人間学』（カント全集15 岩波書店 2003）

<新版>
逆説のニヒリズム

2007年3月26日 新装版第1刷発行

著者 ――渋谷治美
発行者 ―平田 勝
発行 ――花伝社
発売 ――共栄書房
〒101-0065 東京都千代田区西神田2-7-6 川合ビル
電話 03-3263-3813
FAX 03-3239-8272
E-mail kadensha@muf.biglobe.ne.jp
URL http://kadensha.net
振替 ――00140-6-59661
装幀 ――加藤光太郎
印刷・製本 ―株式会社シナノ

ISBN978-4-7634-0490-9 C0010